Friedrich-Ebert-Straße 15
D - 4400 Münster
Titelfoto: Thomas Kalak
Umschlaggestaltung: Florian Böhm

ISBN 3-927328-00-6

Inhalt

für Rodney

der mich

am meisten beeindruckt

und beeinflußt hat

Vorwort

Freestyle - Viele sehen darin etwas Besonderes, etwas Schwieriges. Viele haben ein Freestyle-Board - noch mehr würden gerne eins haben - doch die wenigsten kennen die Möglichkeiten, die man mit so einem Board hat.

Wer nicht mit einem guten Freestyler trainieren kann, sieht nur die Tricks und Küren auf Contests, nicht aber den Aufbau und die Übung, die ein solcher Trick erfordert.

Dieses Buch soll Dir weiterhelfen.

Anhand von Fotoserien werden Tricks aller Art erklärt. Es wird jedem helfen, neue Tricks zu lernen und Fehler zu vermeiden.

Freestyle ist eine Kunst und keine Spielerei, das Board ein Sportgerät und kein Spielzeug. Freestyle verlangt viel Übung und Geschicklichkeit, mehr jedoch verlangt es an Geduld und Ausdauer. Verzweifle nicht an einem Trick - sieh ihn Dir ruhig an und versuche, ihn zu verstehen. Übe schrittweise und denke immer daran, daß nur Ruhe und Geduld zum Erfolg führen - nicht Hast und Aufregung. Denke über jeden Trick nach, denn nicht nur Dein Körper, sondern auch Dein Kopf muß ihn verstehen lernen.

Verliere jedoch niemals den Spaß an Freestyle. Hör lieber kurz auf, wenn Du meinst, daß es nicht klappt und versuche es später noch einmal.

Viel Spaß beim Üben!

Günter

Anfänger

Man braucht sehr viel Koordination, Kondition, Ruhe, Fähigkeit und insbesondere sehr viel Practise, um gut zu werden in den Freestyle-Künsten. All das sollte Dich jedoch nicht davon abhalten, es zumindest einmal zu versuchen. Du mußt schrittweise lernen.
Es hat wenig Sinn, sofort schwere Tricks zu versuchen, da sie nie klappen können ohne ein gewisses Fahrvermögen. Fängst Du mit schweren Tricks an, verlierst Du schnell aus Frust die Lust.
Wenn Du systematisch vorgehst, mit leichten Tricks anfängst, werden Dir schwere Tricks irgendwann leicht fallen.

Alle guten Freestyler haben so angefangen - auch Rodney Mullen.

Laß Dir immer erst ein paar einfachere Tricks zeigen und übe diese, bis Du sie perfekt kannst. Dann fang an, Tricks zu üben, die auf die leichten aufbauen.

Let´s go:

Following ...

Dieses Buch ist nicht für Leute gedacht, die gerade zum ersten Mal auf einem Skateboard stehen.
Du solltest schon sicher auf dem Board stehen, kicken und abbremsen können.
Erst dann fang langsam mit den Grundstellungen auf den Seiten 24 bis 29 an.
Walk the Dog auf den Seiten 30 bis 33 bedürfen schon einiges an Übung. Mit Wheelies auf den Seiten 34 und 35 kannst Du Deinen Gleichgewichtssinn trainieren.
Das Pirouettendrehen (Seite 36 und 37) gehört nicht nur zum Freestyle - es ist eine Disziplin für sich. Der Rekord liegt bei 127 Drehungen.

Following ...

Zu den Trickgruppen:
Ich habe aus allen Trickgruppen einige Tricks herausgesucht und sie hier anhand von Fotoserien erklärt.
Du mußt sie nicht unbedingt können - sie sollen Dir nur Anregungen sein. Übe sie und erfinde zusätzlich eigene Tricks.
Es ist gut, wenn man einen Trick kann, den noch keiner kennt.

Wenn Du im Goofy Foot auf dem Board stehst, achte darauf: Die Tricks hier werden für Regular Foot beschrieben.

Auf den Seiten 344 und 345 sind einige Begriffe erklärt.

Hast Du trotz der Erläuterungen noch irgendwelche Schwierigkeiten, dann kannst Du mir jederzeit schreiben.

Das Board

1. Tail-Saver vorne und hinten verhindern eine schnelle Abnutzung des Decks und geben Dir Halt bei Casper-Tricks.

2. Holzschrauben oder Sohlenplättchen verhindern die Abnutzung der Oberseite.

3. Griptape gibt den Halt bei Casper-Tricks.

4. Eine freie Stelle schont Deine Schuhsohlen, die durch das Grip schnell abgenutzt werden.

5. Halbe Pads oder Gummipads, damit das Board besser auf der Kante steht, bzw. ruhiger fährt.

6. Coper schützen Deine Beine vor Abschürfungen bei Pogos oder 50/50s.

7. Achse und Rolle müssen zusammen so breit sein, daß das Board, leicht nach vorne geneigt, ruhig auf der Kante steht und nicht wackelt.
(Unterlegscheiben zwischen Rolle und Achse gleichen aus)

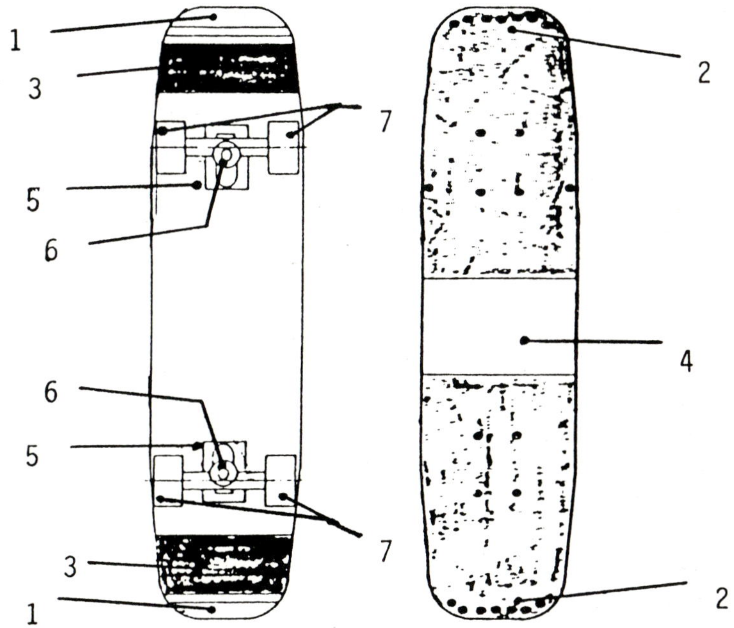
1
3
7
5
6
6
5
7
3
1
2
4
2

a.) Das Deck

Viele achten beim Kauf eines Decks nur auf das Design. Es ist jedoch wichtiger, beim Kauf eines Decks mehr auf die Form, Breite und Länge zu achten: Wer sehr groß ist, braucht ein längeres Deck, wer kleiner ist, ein kürzeres.

Wichtig ist, wenn man zum ersten Mal ein Board kauft, daß man vorher verschiedene Boards von anderen Skatern getestet hat.

Es gibt jedoch kein Standard-Board. Prinzipiell kann man auf allen Boards fahren, die derzeit auf dem Markt sind, denn man kann sich an alle Formen mehr oder weniger gewöhnen. Mit der Zeit wirst Du schon selbst merken, welche Form für Dich die beste ist.

Je nachdem auf was für einer Fläche Du trainierst, mußt Du Dein Deck präparieren, damit es länger hält. Benutze immer einen Tailsaver - sowohl unter dem Tail als auch unter der Nose. Ein gewöhnlicher Nosesaver behindert unter der Nose mehr als daß er nützen würde. Die Tailsaver verhindern ein Abnutzen des Decks bei Wheely-Stops und geben Halt bei Casper- tricks. Wenn Du auf Asphalt fährst, befestige kleine Metallplättchen vom Schuhmacher auf der Oberseite des Decks im Bereich der Nose und des Tails. Dadurch verhinderst Du, daß der rauhe Boden Dein Board bei Casper- oder 50/50-Tricks wegraspelt. Kleinere Holzschrauben erfüllen diesen Zweck auch.

Zwischen Achse und Tailsaver, auf der Unterseite des Decks, klebst Du etwas Grip-Tape, damit Du bei Casper-Tricks nicht abrutschst.

Die Preise für Decks sind relativ gleich. Es gibt leider keine billigen Anbieter wie bei Achsen und Rollen - dafür gibt es allerdings auch nur gute Qualität.

Zur Not kannst Du ja ein altes Deck umsägen.

Wenn Du noch Fragen hast, wende Dich an:
Titus Skates, von-Steuben-Str. 21,
4400 Münster, Tel. 0251-40206

b.) Die Achse

Es gibt hier, im Gegensatz zu den Decks, auch relativ preiswerte Achsen, die in Taiwan produziert werden.
Für den Anfang reichen sie völlig aus. Auf die Dauer wirst Du jedoch auf eine amerikanische Markenachse umsteigen, die den ganzen Qualitätsanforderungen an eine Freestyle-Achse entspricht.
Achte beim Kauf immer darauf, daß der Kingpin auswechselbar ist, da dieses Teil schon mal brechen kann. Die Breite der Achsen richtet sich nach der Breite der Rollen, die man fährt. Achse und Rollen sollten zusammen etwa so breit sein wie das Deck, damit das Board ohne Wackeln auf der Kante stehen kann. Du mußt oft mehrere Unterlegscheiben zwischen Achse und Rolle legen, um dies so hinzukriegen.
Fachhändler und Freestyler können Dir dabei helfen.
Ob Du Pads benutzen willst, mußt Du selbst entscheiden - das macht jeder anders. Empfehlenswert ist es, dünne Gummipads zu benutzen, da das Board dann ruhiger fährt und landet.
Diese Pads kannst Du kaufen oder auch selbst machen.
Ein Coper ist sinnvoll bei 50/50 und Pogo-Tricks, damit der Kingpin nicht Dein Bein aufschürft.
Die Lenkung ist meistens sehr hart. Achte also beim Kauf auf entsprechend harte Lenkgummis. Wie hart die Lenkung bei Dir sein soll, mußt Du wiederum selbst entscheiden.

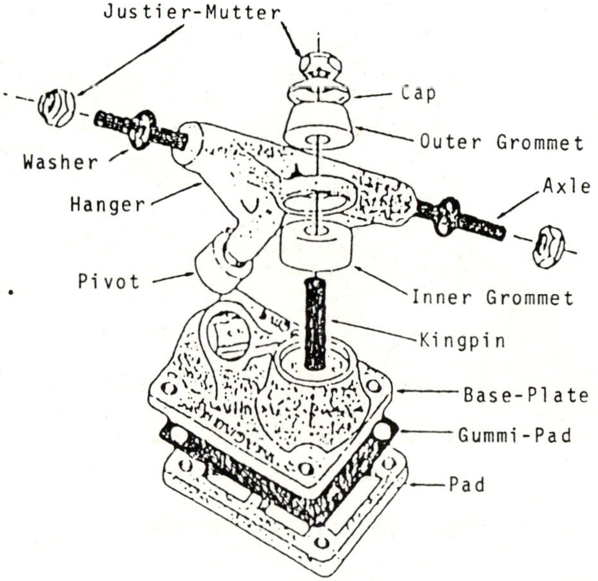

c.) Die Rollen

Neben speziellen Freestyle-Rollen kannst Du am Anfang auch billigere Rollerskate-Rollen nehmen. Der Durchmesser sollte ca. 55 bis 58mm betragen, die Breite ca.30mm. Sie sollten nicht zu weich sein. Normalerweise sind Freestyle-Rollen zwischen 94A und 97A hart - also so hart wie Pipe-Rollen.
Die Rollen nutzen sich je nach Untergrund verschieden ab. Deshalb solltest Du die Rollen oft untereinander austauschen (von hinten nach vorne und über kreuz), damit einzelne Rollen nicht extrem, während andere gar nicht abgenutzt werden.
An der Außenseite sollten sie glatt oder nach innen gewölbt sein, damit das Board besser auf der Kante steht und Dein Fuß besser auf dem Board bei Kantentricks.
Außen-Conicals sind nicht sehr empfehlenswert, stören Anfänger jedoch nicht.
Achte auch auf Präzisionslager, damit die Rolle ruhig läuft.

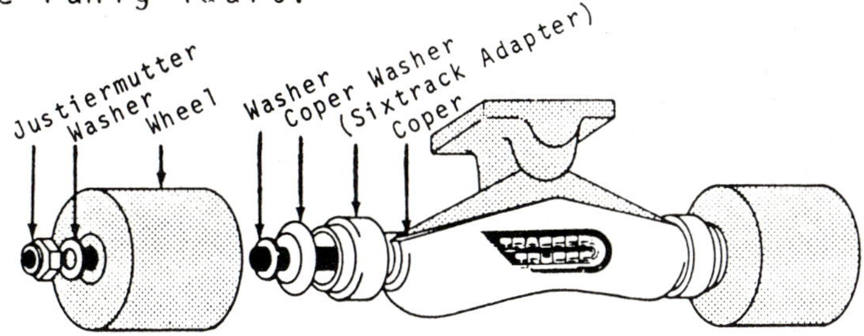

Achte darauf, daß Du in Deinen Rollen Spacer hast. Sie laufen sonst schlecht oder überhaupt nicht.

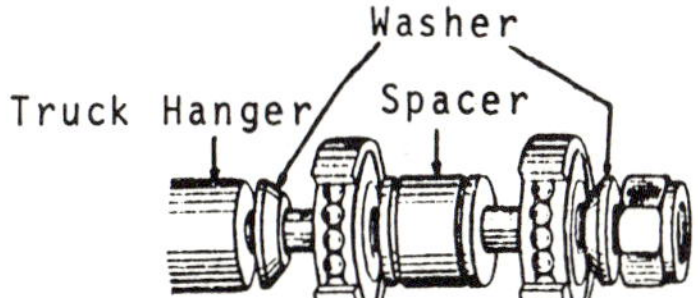

Das 5 Stunden

Trainingsprogramm

1.Phase: Practise

Das ist Deine wichtige Practise Session. Mach ein paar schwierigere Tricks, die Du schon sicher beherrschst. Arbeite an Trick-an-Trick-Kombinationen und -Verbindungen. Hänge Tricks zu einer 3-bis-5-Minuten-Kür aneinander und übe sie ein dutzendmal und mehr.

Ich konzentriere mich auf Ausgewogenheit und auf Trickvorgang. Dieser Teil der Session dauert etwa 3 Stunden und manchmal etwas mehr.

2.Phase: Verbessern

Wenn ich ermüde, und die Konzentration nachläßt, arbeite ich an einigen neuen Tricks, die ich lernen möchte. Problem-Tricks in einer Kür können jetzt verbessert werden.

Wenn ich müde werde, falle ich öfter, aber ich rege mich nicht so auf über einen mißglückten Trick in dieser Phase meines Programms.

3.Phase: Erfinden

In dieser letzten halben Stunde denke ich über neue Ideen und Möglichkeiten nach. Dabei kicke und flippe ich mit dem Board herum.

Manchmal können wilde Ideen zu guten kleinen Bewegungen (Tricks) werden, die zum Repertoirenhinzukommen.

So, das ist es.

- Rodney Mullen -

Tips für

Wettbewerbe

Noch einige Tips zum Freestyle:
Wenn Du einen Wettkampf fährst, solltest Du Dir den Boden vorher gründlich anschauen: Der eine Boden ist glatt, der andere ist sehr rauh. Du solltest Dich möglichst einen Tag vorher auf der Wettkampffläche einfahren.

Bei glattem Boden benutze Tape oder Shoe Goo an Tail und Nose - dann rutscht Dein Board bei Pogos nicht weg.

Die Freestyleflächen sind in der Regel 20 x 20 m groß. Manche sind aber auch größer oder kleiner. Die bisher kleinste Fläche war 5 x 5 m groß.

Du mußt Dich möglichst der Fläche anpassen. Es hinterläßt bei der Jury einen guten Eindruck, wenn man eine gute Raumaufteilung hat.

Für die Kür gibt es zwei Noten:

Die erste bewertet den Schwierigkeitsgrad der Tricks und die zweite benotet den Gesamteindruck von Raumaufteilung über Kreativität bis zur Musik.

Wettbewerbe sind für Dich aber erst interessant, wenn Du schon einige Zeit skatest.

Zur Musik

Musik beim Skateboardfahren?
Ja wozu eigentlich?
Bei (fast allen) anderen Sportarten hört man ja bekanntlich keine Musik. Wieso müssen die Skater also immer Musik haben - egal, ob sie jetzt einen Backside Air machen oder ihr Board gerade durch die Gegend flippen?
Ganz einfach: Mit Musik geht´s einfach besser! Man ist nicht so verkrampft und fährt dadurch lockerer und flüssiger.
Spacewalk macht zehnmal mehr Spaß, wenn man ihn zu einem Groovy Beat macht. Einen Doppelkickflip zu einem Paukenschlag zu landen oder Pogos im Takt der Musik oder passendes Footwork ... all das ist doch etwas ganz anderes als trocken vor sich hinzuskaten,
Auf Contests gewinnt die Musik noch eine ganz andere Bedeutung: als Kürmusik hat sie mehrere Funktionen: als erste die oben beschriebene - nämlich zu lockern. Dann sollte sie zum Skatestyle des Skaters (schnell oder ruhig) passen, und - auch ganz wichtig - sie sollte das Publikum ansprechen. Gar nicht so einfach, alles unter einen Hut zu bringen!

Das Allerwichtigste ist aber, daß man passend zur Musik fährt. Das kann man auf mehrere Arten tun:
Die leichteste - und mit Sicherheit nicht die schlechteste - Art ist ganz einfach nur, die Stimmung der Musik zu interpretieren. Diese Art, zu Musik zu fahren, erfordert fast keinen Trainingsaufwand und macht deshalb auch fast am meisten Spaß.
Man nimmt zum Beispiel ein langsames Soul-Lied und überlegt sich (oder fährt einfach) einen Run mit nicht allzu vielen oder gar keinen technischen Tricks. Man fährt ganz smooth und immer weich in den Knien mit vielen Wheelies, Shove-its und Spacewalks.
Und schon ergibt Skating mit Musik ein Ganzes: Freestyle.
Genausogut kann man natürlich auch ein schnelles Lied mit schnellem, starkem Beat nehmen - dazu dann viel schnelles Footwork, Pogos und viele technische Tricks, dabei immer schnelle Übergänge und keine Leerphasen.
Ich meine, das Optimum liegt irgendwo in der Mitte - vielleicht mit einem Lied, zu dem alles paßt, z.B. ein Lied mit langsamem Anfang (dazu Wheelie), nach dem dann ein Groovy Beat einsetzt (dazu Spacewalk), dem später häufiger markante Einsätze mit verschiedenen Instrumenten folgen

(dazu Flips und Shove-its), zwischendurch vielleicht ein kurzer Instrumentalpart mit hervortretendem Beat (dazu Pogo) und später ein ruhiger oder langgezogener Part (dazu Wheelie).
Das Wichtigste, wenn man seine Kür so zusammenstellt, ist jedoch, daß man zwischen den "getimeten" Einsätzen in etwa passend zur Musik fährt (Stimmung interpretieren), sonst kommt beim Zuschauer mit Sicherheit nicht der Eindruck zustande, der geplant war.
Ich meine, man sollte die Musik bei einer Kür nicht nur als Hintergrungmusik benutzen, sondern sie in die Kür einbauen. Dies erfordert zwar manchmal Kompromisse mit der Anzahl der Tricks,

die man sich vorgenommen hat oder mit der gewohnten Reihenfolge der Tricks - aber ich meine, man sollte sie unbedingt eingehen. Schließlich heißt es ja Freestyle. Wenn es nur darauf ankäme, möglichst viele und schwere Tricks zu machen, hieße es ja Trick-Skating.
Zugegeben: die Kompromisse zahlen sich nicht immer direkt in Plazierungen aus, denn die "geschulten" Augen der Jury sehen oder bewerten solche Kompromisse

manchmal nicht, aber für den Zuschauer ist es meist schon ein gewaltiger Unterschied, weil dieser manchen noch so schwierigen, aber nicht spektakulär aussehenden Trick nicht honorieren kann. Aber mit einfachen Mitteln gut zur Musik zu fahren wirkt manchmal Wunder.
Und die Moral von der Geschicht´:
Nicht unbedingt einen Hackertrick nach dem anderen setzen, sondern ruhig mal etwas Zeit für einen schönen Wheelie und softe Übergänge opfern, dann dabei noch den Takt und die Geschwindigkeit der Musik beachten - und schon kann Dein Freestyleskating ganz anders aussehen.

Ich hoffe. Dich hiermit auf neue Ideen gebracht zu haben.

Christian Seewaldt
Europameister 1985

Das Aufwärmen

Wie bei allen Sportarten mußt Du Dich auch beim Freestyle aufwärmen, damit Deine Muskeln locker werden.
Anfänger sollten ein paar gymnastische Übungen machen,
Fortgeschrittene fangen an mit fünfzehn Minuten schnellem Footwork; dann Walk the dog, Shove-its, Space-walk, ...
Du mußt Gefühl für Dein Board bekommen.
Laß Deine Atmung laufen.
Wenn Du immer noch nicht warm und locker bist, mach ein paar Rolltricks und Kickflips, um Dich einzufahren - erst dann solltest Du neue Tricks oder Deine Kür üben.

Stretching

Laß Deine Knie geschlossen zusammen und strecke Deine Hände bis zu den Zehen.
Halte Dich so ca. fünf Sekunden.

Stretching

Spann Deinen Körper für einen Moment an.
Richte Dich auf.
Strecke Deinen Körper bis in die Zehen und bleib so für ca. fünf Sekunden stehen. Wiederhole dies einige Male.

Lehne Dich gegen eine Wand.
Fasse Dein Fußgelenk und ziehe daran Dein Knie hinter Deinen Körper.
Halte Deinen Körper aufrecht und bleibe so ca. zehn Sekunden.
Wiederhole die Übung mit dem anderen Bein.

Die Grundstellungen

Stall, Tail

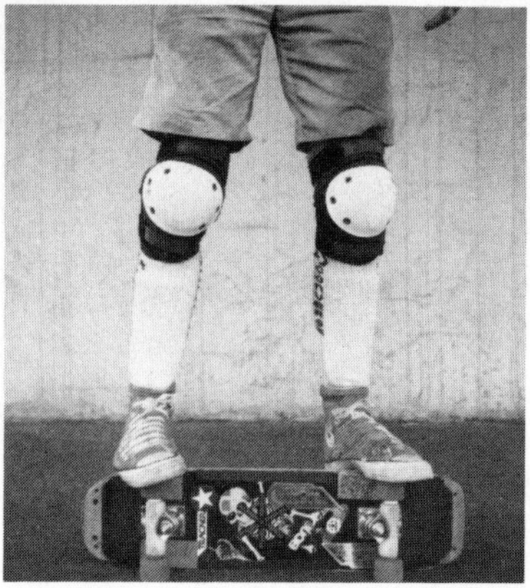

Rail

Casper

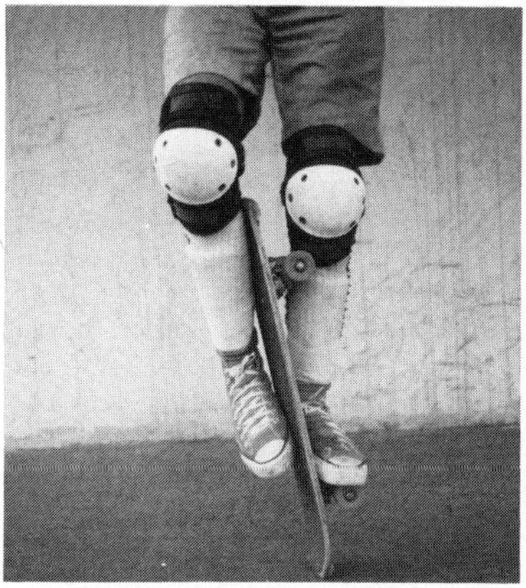

Pogo

50/50

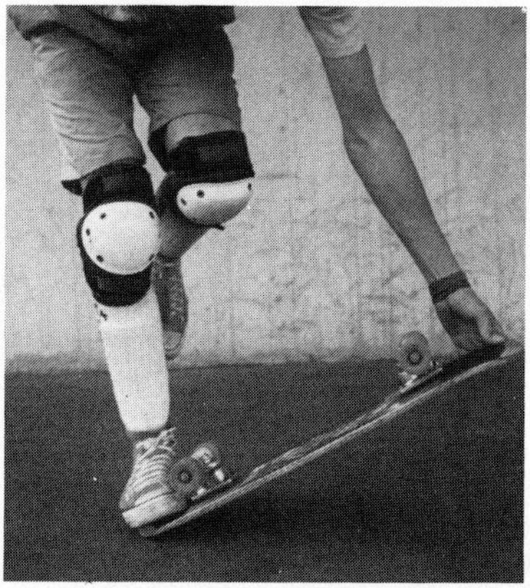

50/50 Casper

Die Grundstellungen

Nohand Casper

No-Hand 50/50 (Casper)

Nohand Crossfoot

Crossfoot Pogo

Diese Grundstellungen solltest Du können, wenn Du alle Tricks in diesem Buch lernen willst.
Anfänger sollten sich zumindest die Stellungen Tail, Rail, Casper und Pogo verinnerlichen, um eine gute Grundlage zu haben.
Für 50/50 und 50/50 Casper mußt Du schon einen guten Gleichgewichtssinn entwickelt haben.
Auf der rechten Seite lernen die Fortgeschrittenen:
Nohand Casper und Crossfoot Pogo sind schon sehr schwer - aber No-Hand 50/50 und Nohand Crossfoot sind die schwierigsten Grundstellungen überhaupt. Sie verlangen sehr viel Geduld und Übung.

To Rail

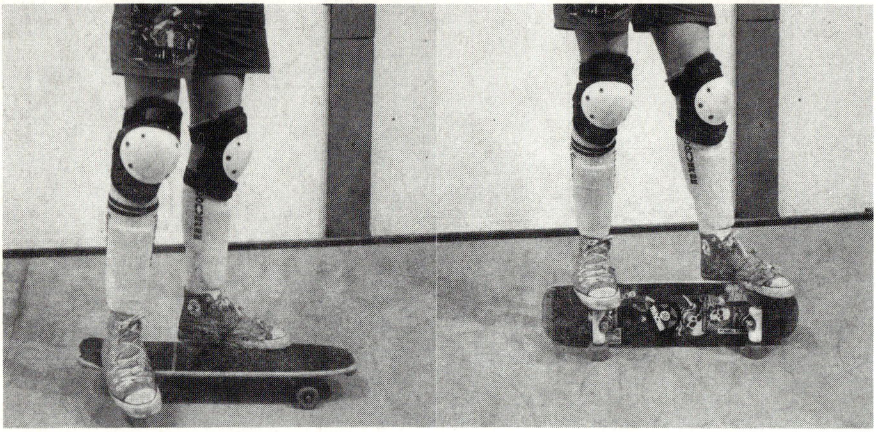

Der hintere Fußballen steht genau über der Rolle. Mit dem vorderen Fuß kippst Du das Board so um, daß Du mit dem hinteren Fuß auf den Rail stehen kannst.

To Rail

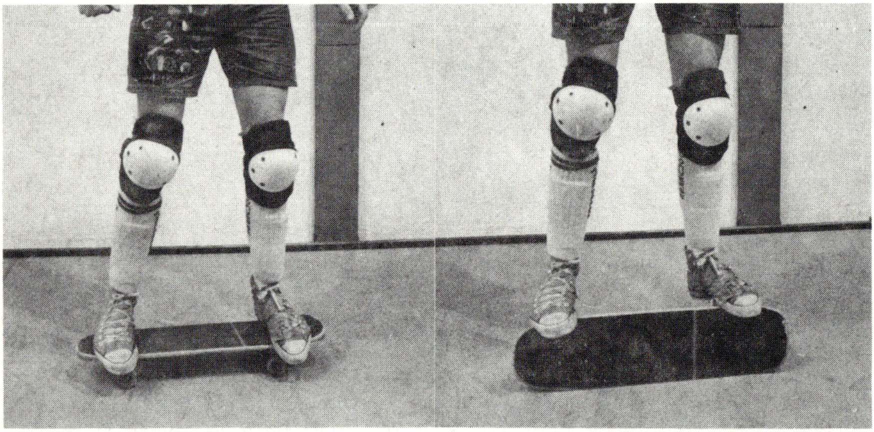

Mit den Zehen kippst Du das Board nach vorne und springst auf die Rail.

To 50/50

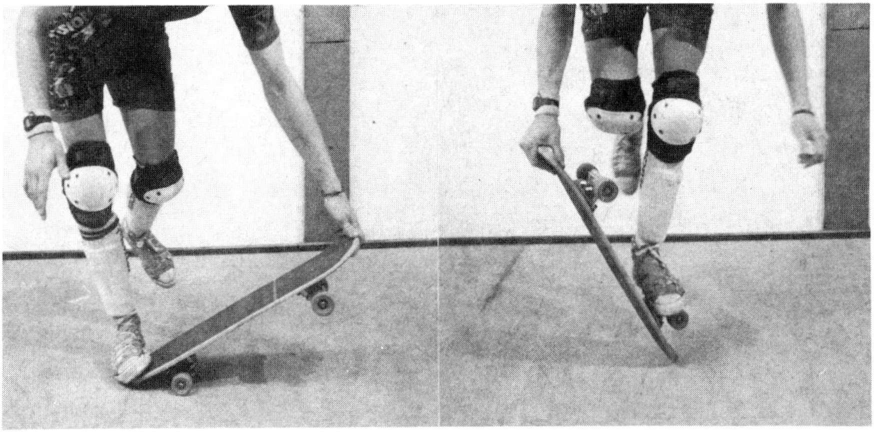

(Von der Nose oder vom Tail)
Mit der Hand hebst Du das Board bis zum höchsten Punkt und springst auf die Achse.

To Pogo

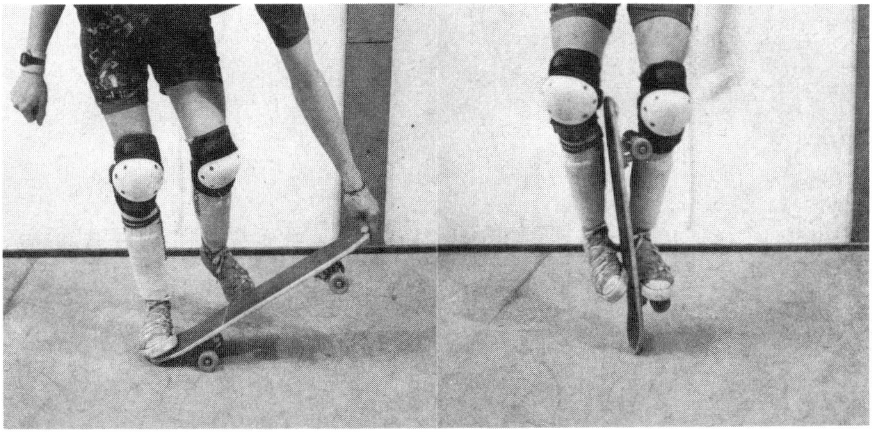

(Von der Nose oder vom Tail)
Das Board wechselt von einer Hand zur anderen. Dabei springst Du auf die Achse.

To Nohand

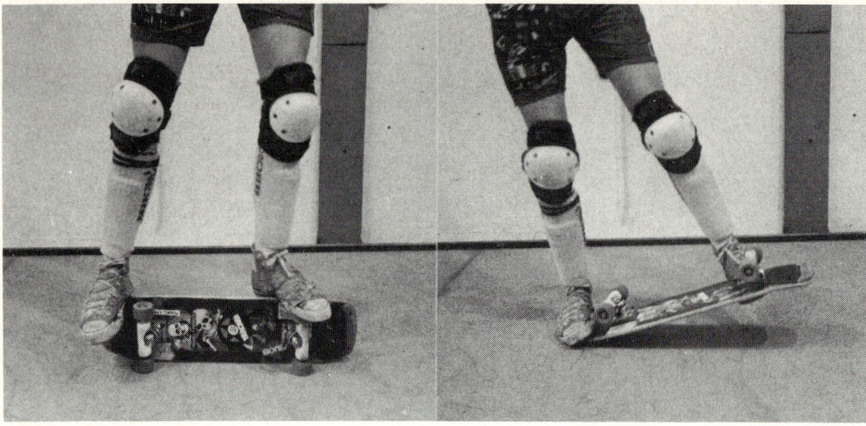

Hier mußt Du schnell sein.
Deinen rechten Fuß setzt Du hinter die Achse und verlagerst Dein Gewicht etwas nach rechts. Sobald Du den linken Fuß anhebst, kippt das Board um.
Die Schwierigkeit ist, den linken Fuß schnell genug unter das Board zu bekommen.

Den hinteren Fuß setzt Du hinter die Hinterachse. Verlagere Dein Gewicht etwas nach rechts und kippe das Board mit dem vorderen Fuß um, ohne den Boden zu berühren.

To No-Hand 50/50

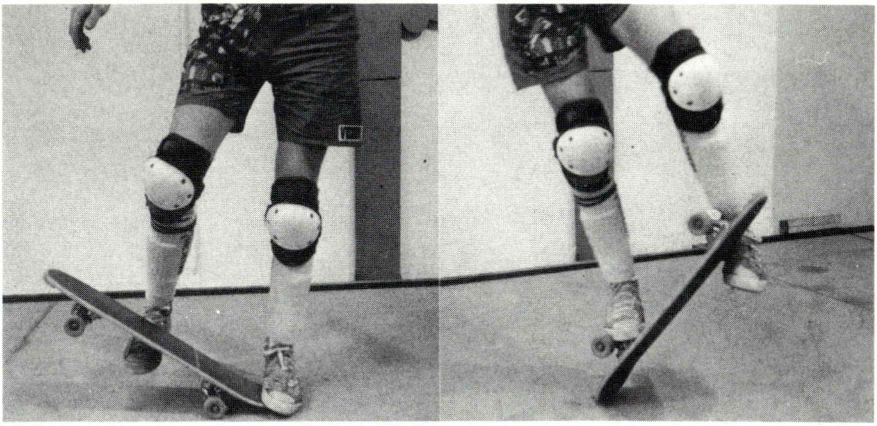

Ziehe das Board mit dem rechten Fuß hoch und fange es mit dem linken Fuß auf.
Dies ist für einen Anfänger schwer - vielleicht hältst Du Dich an einem Geländer fest.

To Crossfoot

Aus der langsamen Fahrt: Setze den rechten Fußballen vorne auf die Nose, kippe mit dem linken Fuß das Board um und fang es mit der Fußoberseite auf.

Walk the Dog

Es gibt zahlreiche Übungen und Kombinationen in den Bereichen Footwork und Walk the dog. Du solltest sie täglich üben, um Dich an das Board zu gewöhnen. Sie sind auch gute Auflockerungen in einer Kür. Hier sind zwei Übungen:

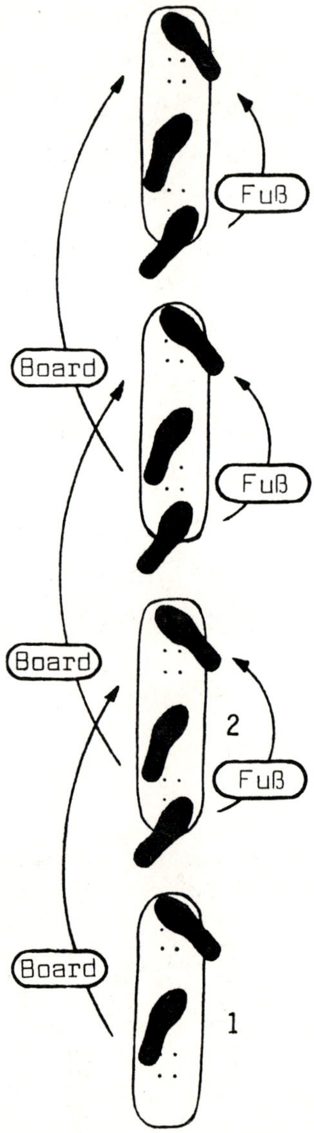

1. Hebe die Hinterachse an und mache eine 180°-Drehung. Achte darauf, daß der linke Fuß in der Mitte vom Board bleibt.

2. Nach der 180°-Drehung setzt Du den rechten Fuß von hinten nach vorne und fängst wieder von vorne an. (Board 180°, Fuß umsetzen, Board 180°, usw.)

Dies kann man sehr schnell machen, ohne sich vorwärts zu bewegen - es bedarf aber einiges an Übung.

Footwork

Setze die Füße wie auf Skizze 1 und rolle langsam an. Drehe den linken Fuß, ohne ihn anzuheben, nach innen. Dadurch dreht sich das Board um 180° im Uhrzeigersinn. Zugleich setzt Du den rechten Fuß von hinten nach vorne. Nun (2) stehst Du gekreutzt. Springe in Fahrposition(3).

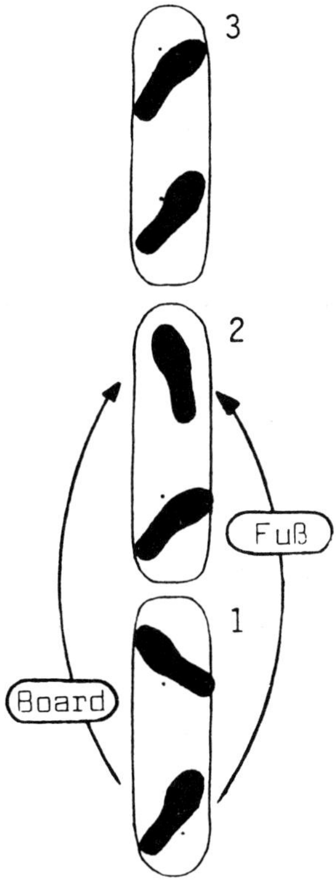

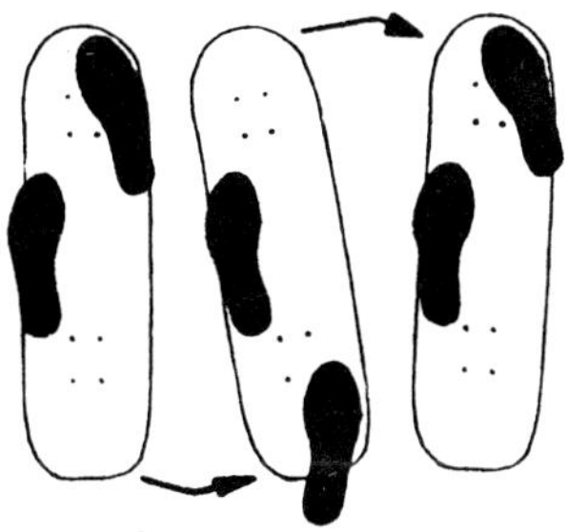

Dies ist die einfachste Footwork-Bewegung:
Du setzt den Fuß abwechselnd von Nose zu Tail und versetzt damit das Board.

Footwork

Ich versuche, Dir anhand der Skizze den Walk the Dog zu erklären. Beim ersten Hinsehen sieht er kompliziert aus, aber es ist ein einfacher Trick. Die drei Fußbewegungen wiederholen sich ständig. Auf der Skizze dreht sich das Board jeweils um 90°. So ist es einfacher zu erklären - in Wirklichkeit sind es nur 30°-40°, dafür aber mehr Wiederholungen, um einen Kreis zu drehen.

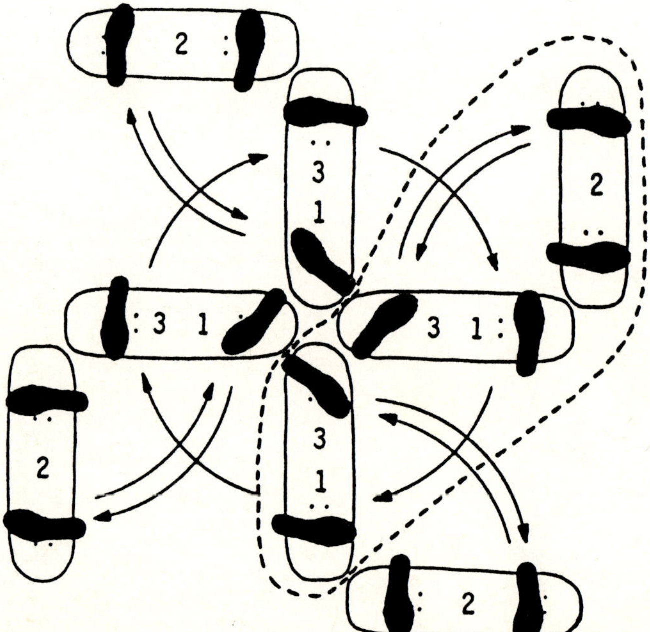

Footwork

Ausschnitt:

Hebe das Board an der Nose leicht an ohne mit dem Tail den Boden zu berühren. Drehe das Board um 90° nach vorne und setze kurz auf(2), dann zurück zur Ausgangsposition(1). Dann hebe das Tail an ohne mit der Nose aufzusetzen. Drehe das Board 90° nach hinten(3). Achte darauf, daß Du den rechten Fuß ein wenig anhebst.
Nun ist Skizze 3 die Ausgangsposition und Du fängst von vorne an. Achte darauf, daß Deine Füße so stehen wie auf der Abbildung.
Falls Du seitenverkehrt auf dem Board stehst, mußt Du den Trick natürlich auch dementsprechend ausführen.

Wenn Du diese Übungen kannst, versuche mal, Walk the Dog und Footwork zu kombinie-
Es gibt unzählige Möglichkeiten, das Board zu drehen. So entstehen immer wieder neue Figuren in der Fußarbeit.

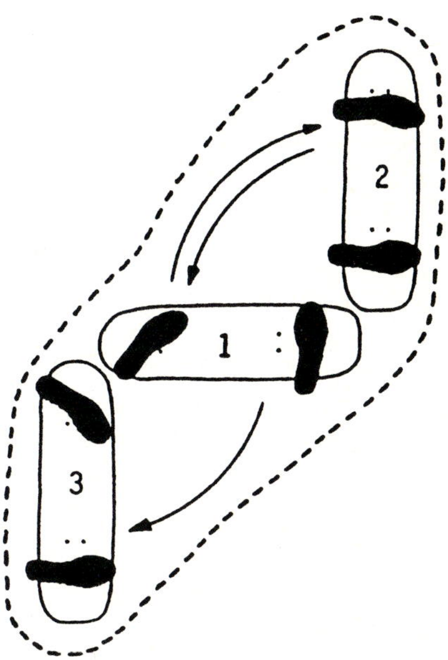

Wheelies

One-Foot Wheelie

One-Foot Nose Wheelie

G-Turn

Squate Nose Wheelie

Wheelies

Spacewalk

Nose Wheelie

One Wheeler

Nose One Wheeler

Pirouetten

Backside Pirouette

Frontside Pirouette

One-Foot Tail Pirouette

One-Foot Nose Pirouette

Pirouetten

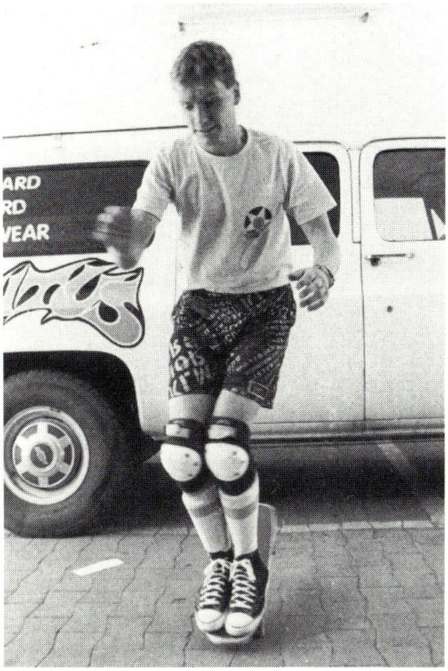

Nose Pirouette

Tail Pirouette

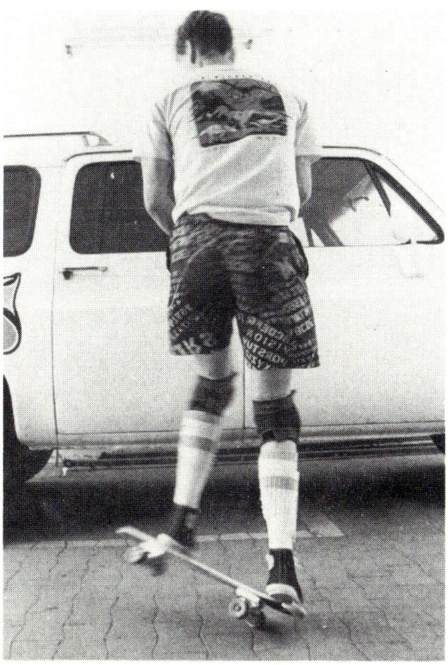

One-Wheel Pirouette

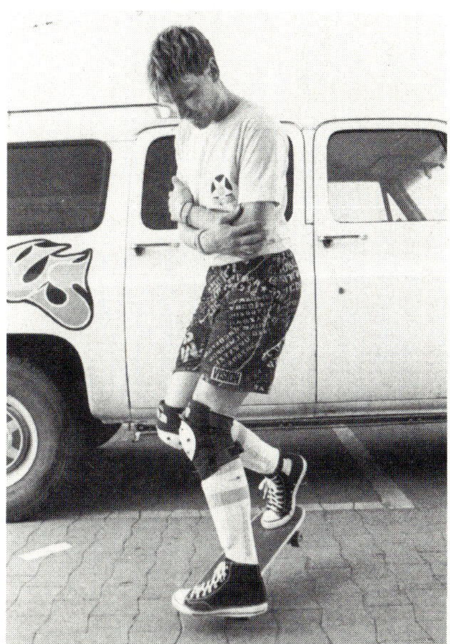

Fakie Pirouette

"Hazze" Hans Lindgren aus Schweden: Kickflip mit einem Street-Board

Kickflips

**Die leichtesten Tricks in dieser Gruppe*

1
2
3
4

Kickflip

Dies ist einer der ersten Tricks, die man in der Anfangszeit des Freestyle auf dem Board gelernt hat.

1. Deine Füße stehen parallel zueinander in Fahrtrichtung auf dem Board. Der rechte Fuß steht auf der Kante; die Fußspitze zeigt nach unten.
   Hole Schwung, indem Du in die Hocke gehst.

2.+3. Spring hoch und drücke das Board gleichzeitig mit dem rechten Fuß nach unten. Dadurch dreht es sich.

4. Lande in Fahrposition.

Hermann Finkmann, einer der ersten Freestyler Deutschlands

Kolja´s Kickflip

1. Rolle langsam an.
   Der rechte Fuß steht (nach rechts versetzt) in der Mitte des Boards.
2. Setze den linken Fuß ebenfalls in die Mitte des Boards, mit der Fußspitze unter dem Deck.
   Gehe etwas in die Hocke und flippe das Board, ...
3. ... indem Du den rechten Fuß anhebst und gleichzeitig den linken Fuß runterdrückst.
   Dadurch dreht sich das Board.
4. Landung.

Kolja Steinrötter, erst ein Jahr dabei und schon Deutscher Schülermeister

1
2
3
4

One-eighty Kickflip

Dieser Trick ist eine Erweiterung des normalen Kickflips.

1. Rolle langsam an (Tail vorne).
   Der linke Fuß steht über der Rolle und der rechte mit der Ferse hinten auf dem Board, wobei die Fußspitze nach unten zeigt.
2. Mit dem linken Fuß drückst Du das Board nach unten, während Du es mit dem rechten Fuß flippst, ...
3. ... so daß es eine Längs- und Querbewegung zugleich macht.
4. Lande in Fahrposition.

In den folgenden Kickflip-Serien: Günter Mokulys

1

2

5

6

Press-Kickflip

Diesen Trick kannst Du im Stand und aus der Fahrt machen.

1. Stell den linken Fuß (etwas versetzt) in die Mitte des Boards.
   Gehe in die Hocke.
2. Presse das Board auf den Boden, so daß es sich zu Dir hin dreht ...
3. ... und flippe es dann von Dir weg, ...

4.+5. ... so daß es eine weitere Drehung macht.

6. Landung.

1

2

4

5

Pressflip to 50/50

1. Rolle langsam an. Setze den rechten Fuß (nach rechts versetzt) aufs Tail und den linken in die Mitte des Boards (nach links versetzt).
2. Gehe etwas in die Hocke.
3. Presse das Tail auf dem Boden, so daß sich das Board aufrichtet. Gleichzeitig dreht es sich eine halbe Drehung.
4. Lande im 50/50.

5.+6. Flippe das Board in Fahrposition.

$1\frac{1}{2}$ Kickflip into Nohand Casper

3

4

7

8

1 ½ Kickflip into Nohand Casper

Dieser Trick ist eine einfache Erweiterung des Kickflips - das Board macht nur eine halbe Drehung mehr.

1. Rolle langsam an und bereite Dich auf einen Kickflip vor.
2. Flippe das Board etwas stärker.
3. Lehne Dich ein wenig nach vorne, damit sich Dein Gewicht auf Deinen vorderen Fuß verlagert.
4. Versuche, Deinen hinteren Fuß unter das Board zu bekommen, damit dessen hinterer Teil nicht den Boden berührt. (Das Board läßt sich leichter fangen, wenn Du auf der Nose landest.)

5.-8. Nun bist Du im Nohand Casper gelandet, und es ist einfach, das Board in die Fahrposition zurückzuflippen.

Sequenz auf den Seiten 50/51

"Rippe" Christian Seewald flipt Kicks und kickt Flips.

"Gogo" Corinna Spreiter, Weltmeisterin und weltbeste Freestylerin

Tail Tricks

**Die leichtesten Tricks in dieser Gruppe*

1

2

5

Nose 180° Flip to Tail

1. Stell den rechten Fuß auf die Nose; der linke ist unter der oberen Achse.
2.-4. Mit etwas Schwung ziehst Du den linken Fuß nach rechts, während der rechte das Board flippt.
5. Lande auf dem Tail.

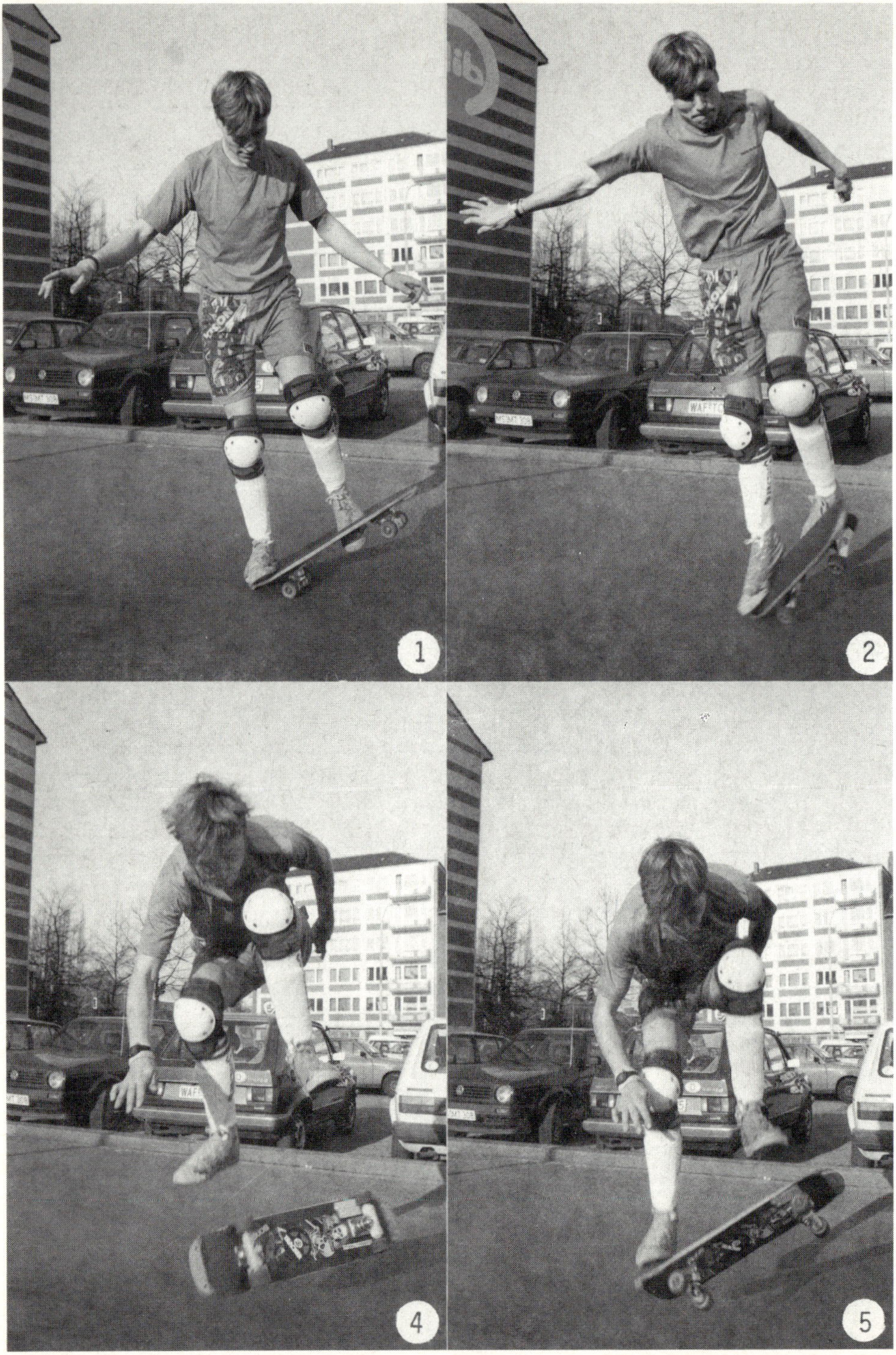
1
2
4
5

Tail Varial Flip 360°

Dieser Trick erinnert an den Impossible. Er ist schwer zu erklären.

1. Der rechte Fuß steht auf dem Tail ; der linke ist unter der oberen Achse.

2.-5. Flippe das Board mit dem rechten Fuß, indem Du ihn nach links ziehst. Gleichzeitig kickt der linke Fuß es nach rechts vorne. Das Board macht eine Drehung um 360° .

6. Lande auf dem Tail.

Tail to Rail to Tail Flip

Tail to Rail to Tail Flip

Dieser Trick ist nicht gerade einfach.

1. Beginne vom Tail: der linke Fuß steht auf dem Tail und der rechte ist unter der oberen Achse.
2. Ziehe das Board mit dem rechten Fuß aufs Rail. Sobald Du auf dem Rail stehst, ...

3.+4. ... flippst Du das Board mit dem rechten Fuß wieder in die Ausgangsposition. Achte darauf, daß der linke Fuß nicht den Boden berührt.

Rodney Mullen: eine seiner zahlreichen Trickvariationen

Grabke's Casper Trick

1. Beginne vom Tail. Hole Schwung.
2. Setze den rechten Fuß an die untere Rolle, ...
3. ... so daß Du im Rail stehen kannst.

4.-6. Nutze den Schwung für eine Drehung.

7.+8. Kippe das Board um und lande darauf.

Weltklasse-Halfpipefahrer und ein recht guter Freestyler: Claus Grabke

→

3
4
7
8

Grabke´s Casper Trick

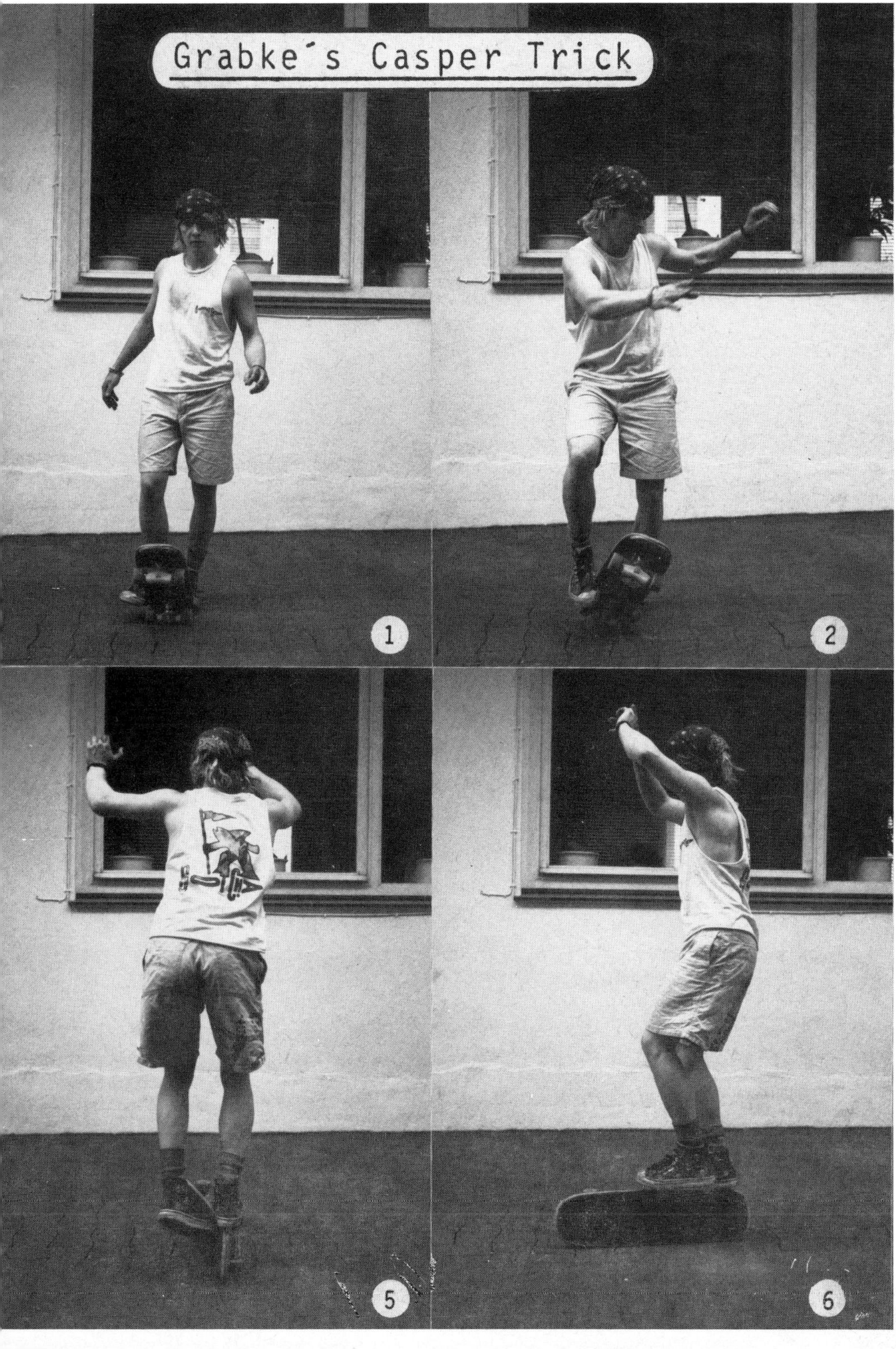

Rodney Mullen aus Florida, Weltmeister und weltbester Freestyler

Fingerflips

**Die leichtesten Tricks in dieser Gruppe*

Fingerflip

Fingerflip

Dies ist ein Einstiegstrick für Anfänger.
Du solltest den Trick üben, um Dich an die Flip-Bewegung und die Drehung des Boards zu gewöhnen.

1. Beginne vom Tail.
   Winkle das rechte Bein an, um Schwung zu holen.
   Die rechte Hand hält die Nose links vorne, wobei der Daumen oben und die Finger unten liegen.

2.+3. Spring mit Schwung hoch und drehe das Board nach vorne.

4. Das Landen ist leicht.

Boris Steffen mit sehr viel Talent

1

2

5

Fingerflip to Tail

1. Beginne vom Tail.
   Die rechte Hand hält die Nose (mit den Fingern ober- und dem Daumen unterhalb der Nose).
   Hole Schwung.

2.-4. Spring hoch und drehe das Board vor Dir eine Drehung ...

5. ... und lande mit dem rechten Fuß auf dem Tail.

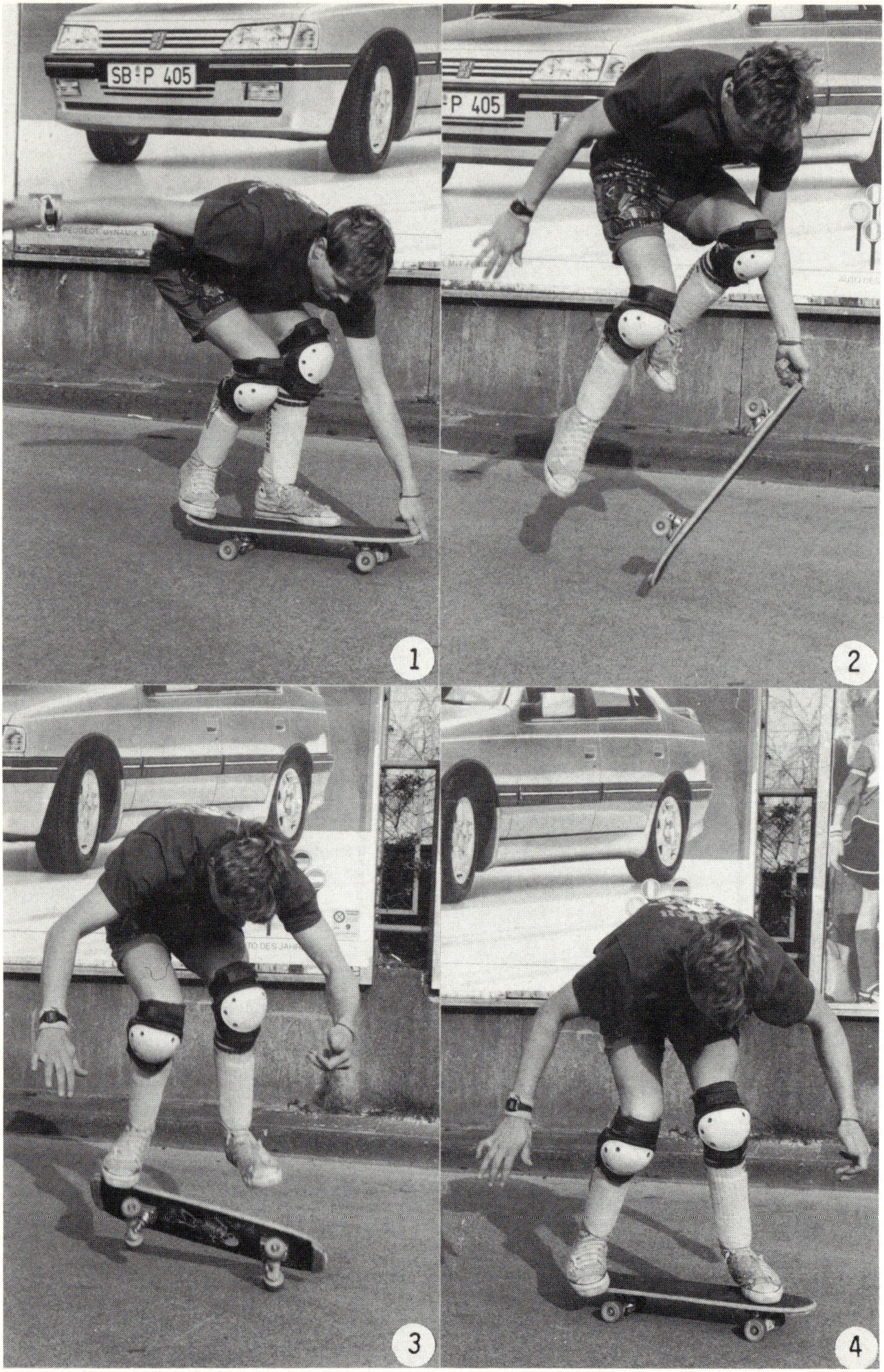
1
2
3
4

Rolling Fingerflip

Wenn Du den Fingerflip aus dem Stand kannst, kannst Du ihn mal aus der Fahrt versuchen:

1. Fasse das Board vorne an der Nose.
   Dabei gehe in die Hocke.
2. Richte Dich mit Schwung auf (wobei das Tail einen Augenblick über den Boden rutscht) ...

3.+4. ... und flippe das Board, so daß es eine Drehung macht. (Es kann aber auch zwei oder sogar drei Drehungen machen).

5. Landung.

One-eighty

Fingerflip

Dies ist eine Erweiterung
des Rolling Fingerflips.

1. Fahre an wie bei einem Rolling Fingerflip.
2. Gehe in die Hocke und richte Dich mit Schwung auf.
3.+4. Wenn Du das Board flippst, rutscht das Tail einen Augenblick über den Boden. Mit der Hand an der Nose flippst Du das Board nach hinten.
5. Landung.

1
2
3
4

Three-sixty Fingerflip

Das ist ein recht schwieriger Trick.
Übe ihn erst, wenn Du den Fingerflip und den One-eighty Fingerflip kannst.
Wichtig ist auch bei diesem Trick der Schwung und die richtige Bewegung mit der Hand.

1. Der Daumen liegt oben auf dem Board, die Finger vorne und an der Seite.

2. Lasse das Tail einen Moment über den Boden rutschen,

3. dann spring mit Schwung ab.
   Die Hand macht eine Bewegung nach hinten rechts.

4. Wenn Deine Hand das Board richtig gedreht hat, ist das Landen nicht so schwer.

1
2
5
6

Günter´s Fingerflip

1. Beginne wie bei einem gewöhnlichen Fingerflip.
2. Hole Schwung.
3. Flippe das Board nach vorne und spring dabei hoch.
   Im gleichen Moment schlägst Du das Board mit der flachen rechten Hand in die entgegengesetzte Richtung, ...

4.+5. ... so daß es sich einmal dreht.

6. Landung.

1 1/2 Fingerflip to Truck

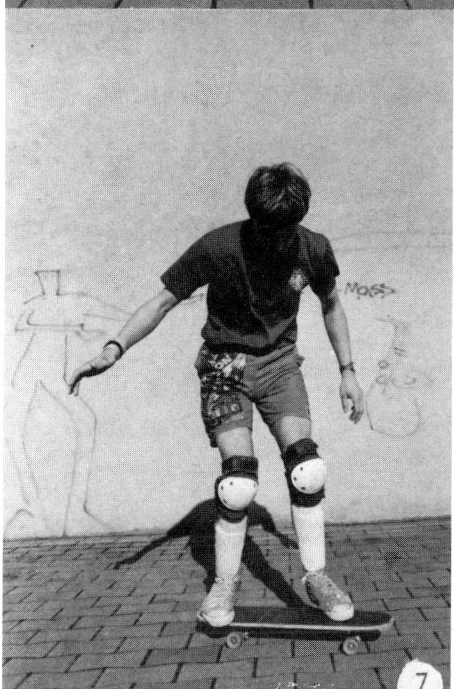

1. Hole Schwung wie bei einem normalen Fingerflip.
2.-4. Flippe das Board etwas steiler und etwas kräftiger als gewöhnlich, so daß es sich anderthalbmal dreht.
5. Achte beim Landen darauf, daß Dein linker Fuß etwas nach innen gedreht ist.
6.+7. Kippe das Board in Fahrposition.

Swedish 1½ Fingerflip

3
4
7
8

Swedish 1 1/2 Fingerflip

Der Unterschied zu einem normalen Fingerflip ist hierbei, daß Du das Board nach hinten drehst und nicht nach vorne.
Warum "Swedish"?
Nach meinen Informationen hat diesen Trick Per Welinder erfunden, welcher ein Schwede ist.

1. Stell Dich aufs Tail und fasse das Board an der Nose, wie Du es auf dem Foto siehst.
2. Hole Schwung wie bei einem gewöhnlichen Fingerflip.

3.-5. Flippe das Board anderthalb Drehungen nach hinten ...

6. ... und lande im Nohand Casper.
7. Vom Nohand Casper ...
8. ... aufs Board.

Das Board kann auch nur eine Drehung machen - dann machst Du einen Swedish Fingerflip.

Sequenz auf den Seiten 80/81

Bonebreaker

Der Name Bonebreaker (zu deutsch: Knochenbrecher) sagt Dir schon, daß dieser Trick sehr schwierig ist - er sollte Dich allerdings nicht davon abhalten, ihn zu versuchen.

1. Beginne vom Tail wie bei einem normalen Fingerflip. Jedoch hält die Hand das Board umgekehrt: die Finger liegen auf und der Daumen unter der Nose.
2. Hole Schwung.
3. Flippe das Board, indem Du etwas hochspringst.
4. Im Sprung ziehst Du das Board hoch - ähnlich wie bei einem Sidewinder Transfer.
5. Du mußt es hoch genug ziehen, ...
6. ... um im 50/50 landen zu können.

7.+8. Flippe das Board in Fahrposition.

Sequenz auf den Seiten 84/85

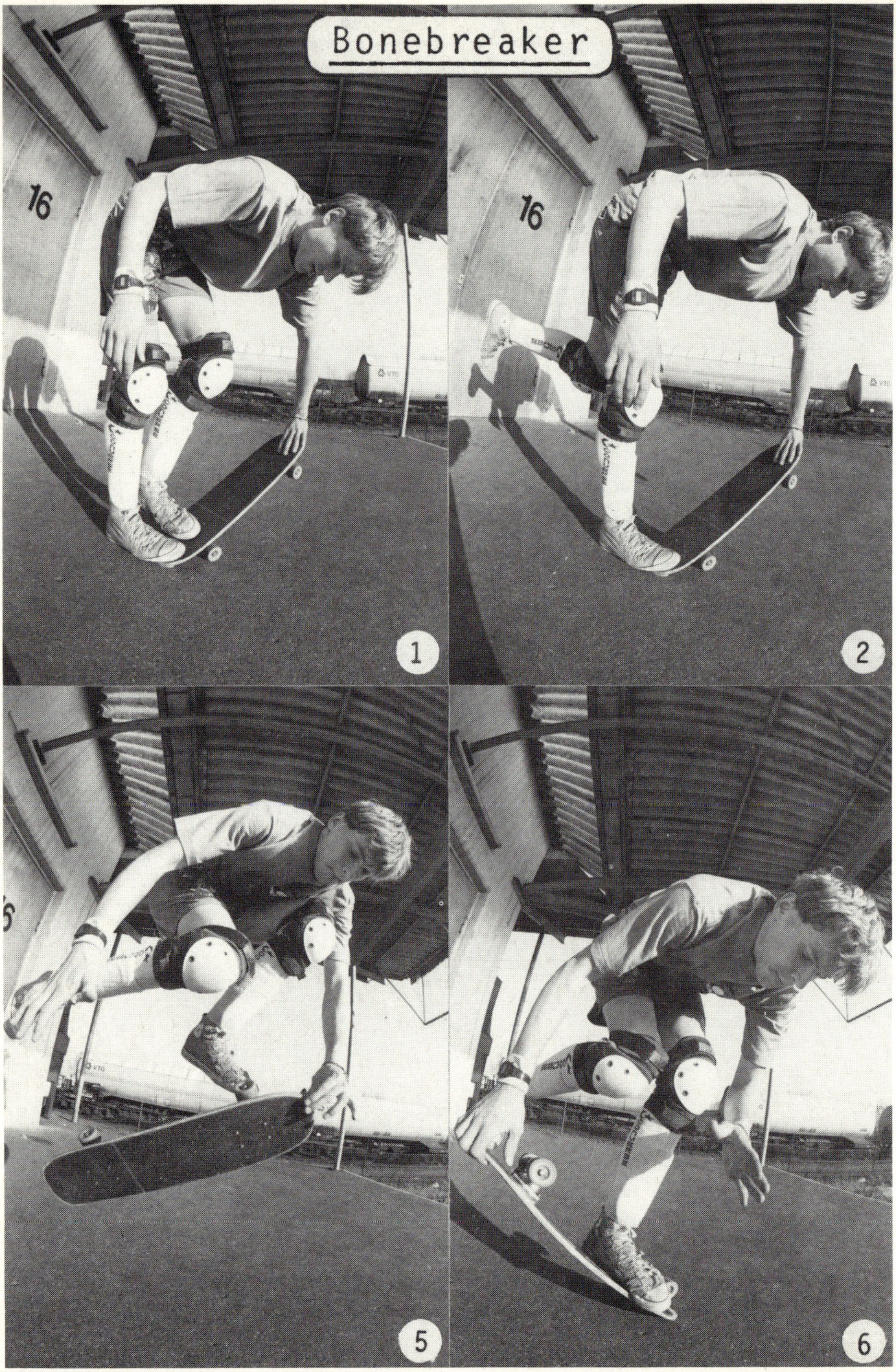
Bonebreaker
1
2
5
6

16
3

16
4

16
7

16
8

Günter Mokulys beim dreifachen Railflip

Rail Tricks

**Die leichtesten Tricks in dieser Gruppe*

1
2
5
6

50/50 Switchback

1. Beginne im Rail(der rechte Fuß steht etwas versetzt; die linke Hand ist am Tail).
2. Gehe in den 50/50 Casper.
3. Greif das Tail nun auch mit der anderen Hand.

4.+5. Spring hoch und drehe gleichzeitig mit der rechten Hand das Board vor Dir eine halbe Drehung.

6. Lande wieder im Rail.

1

2

5

6

Rail into Pogo

1. Beginne im Rail.
2. Mit der linken Hand greifst Du die Nose und mit dem linken Bein holst Du Schwung.

3.+4. Spring hoch, drehe das Board vor Dir eine halbe Drehung und lande im 50/50. Dann ...

5.+6. ... in den Pogo.

1
2
3
4

Rail to Rail

Für diesen Trick brauchst
Du viel Gefühl für das Board.

1. Beginne im Rail. Der rechte Fuß steht auf der Nose.
   Hole Schwung, indem Du ein wenig in die Hocke gehst.

2.+3. Flippe das Board nach hinten, so daß es sich einmal dreht.

4. Lande wieder im Rail.

Railflip

Railflip

So machen die meisten Skater einen Railflip.
Er ist im Grunde nicht schwer.

1. Beginne im Rail. Stelle den rechten Fuß ganz rechts auf die Nose.
   Drücke auf die Nose, so daß sich das Board links erhebt.

2.-5. Ziehe den rechten Fuß mit einem Ruck nach hinten - dadurch flippst Du das Board.
   Es kann eine, zwei, drei oder sogar vier Drehungen machen.

6. Landung.

1
2
5
6

Kolja´s Railflip

1. Rail (beide Füße stehen auf der Nose).
2. Gehe in die Hocke ...
3.-6. ... und flippe das Board wie bei einem Railflip nach hinten, so daß es sich ein- oder zweimal dreht.
7. Lande in Fahrposition.

1
2
5
6
UNIVERSAL
INTERNATIONAL
NATIONAL
LOCAL
VISION
STREET WEAR

One-Foot Railflip

1. Stell das Board vor Dir auf die Kante.
   Die Nose zeigt schräg an Dir vorbei.

2.-5. Flippe das Board wie bei einem gewöhnlichen Railflip, spring hoch, während sich das Board in der Luft dreht (je nach Übung eine, zwei oder drei Drehungen) ...

6. ... und lande auf dem Board.

Railflip (One-Half)

3
4
7
8

Railflip (One-Half)

Eine Erweiterung des normalen Railflips: Hierbei mußt Du das Board flippen und Dich selbst gleichzeitig entgegengesetzt drehen.

1. Beginne im Rail.
2. Stelle den rechten Fuß ganz rechts auf die Nose. Gehe etwas in die Hocke und hole mit den Armen Schwung.
3. Drücke auf die Nose, so daß sich das Board links erhebt. Ziehe den rechten Fuß mit einem Ruck nach hinten - dadurch flippst Du das Board.

5.-7. Jetzt wird der Schwung der Arme genutzt: Während sich das Board dreht, machst Du eine halbe Drehung in die entgegengesetzte Richtung.

8. Das Landen ist sehr schwer, da Du durch Deine eigene Drehung das Board nicht im Blick behältst.

Sequenz auf den Seiten 100/101

Swepper

1. Beginne im Rail. Der rechte Fuß steht auf der Nose.
   Mit der linken Hand ...
2. ... greifst Du die Rolle.
3.+4. Laß das Board fallen. Durch das Tail poppt es wieder hoch. Wechsle in diesem Moment die Hand von der Rolle an der oberen Achse zur Rolle an der unteren Achse (auf der gleichen Seite).
   Die rechte Hand greift die andere Rolle an der oberen Achse.
   Spring in dieser Haltung hoch ...
5. ... und drehe das Board eine halbe Drehung.
   Im Flug nimmst Du die rechte Hand von der Rolle ...
6.+7. ... und landest auf dem Tail.
   Wirf das Board so vor Dich, daß es eine halbe Drehung macht.
8. Lande in Fahrposition.

Sequenz auf den Seiten 104/105

Swepper

3

4

7

8

Rail Varial-Flip 360°

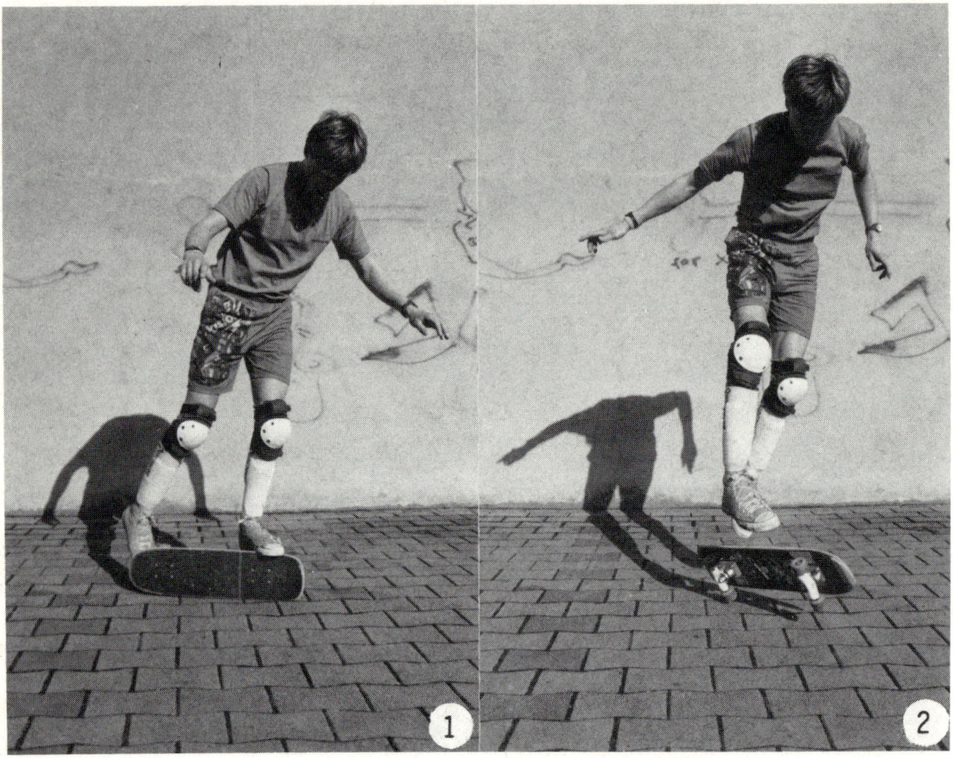

1. Beginne im Rail. Der rechte Fuß ist hinter der Nose, knapp über dem Boden. (Grundstellung Casper)
   Hole etwas Schwung. Den linken Fuß ziehst Du beim Flippen nach hinten.

2.+3. Flippe das Board so, daß es sich um 360° dreht.

4. Lande mit flachen Füßen.

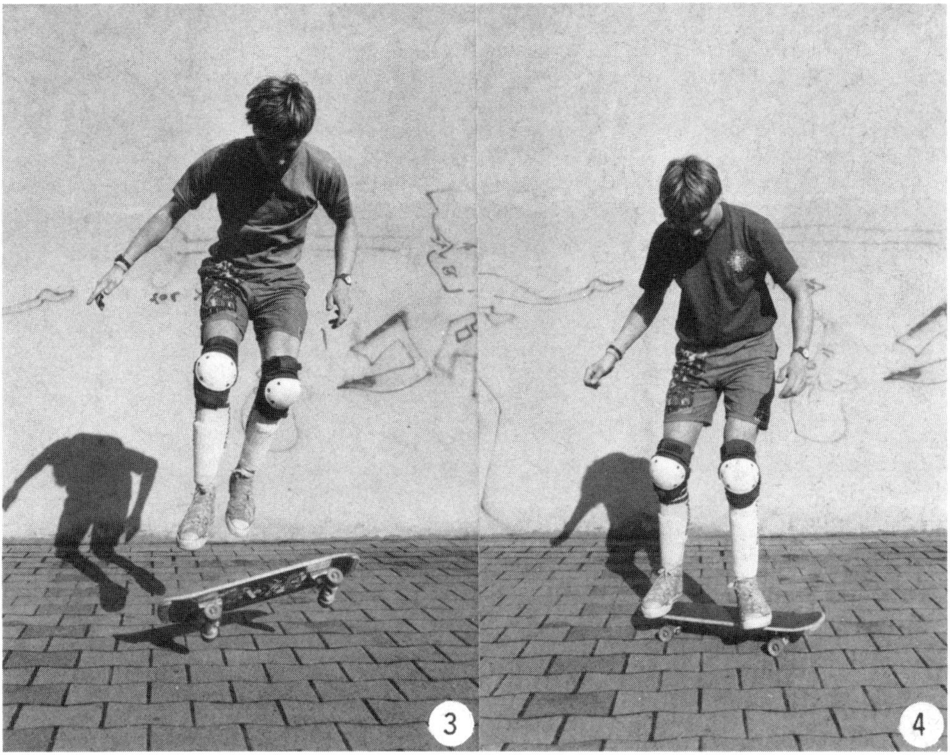

1
2
4
5

Rail to No-Hand 50/50

1. Setze den linken Fuß unter die obere Rolle.
2. Mit etwas Schwung ziehst Du das Board mit dem linken Fuß hoch, ...
3. ... so daß Du im No-Hand 50/50 stehen kannst.
4. Vom No-Hand 50/50 ...
5. ... eine halbe Drehung ...
6. ... auf das Rail.

No-Hand 50/50 from the Rail

1. Beginne im Rail.
   Dein linker Fuß ist hinter dem Board, nah am Boden (ohne ihn jedoch zu berühren). Das ist wichtig für die folgende Drehbewegung.
2. Nimm das Gewicht auf Deinem rechten Fuß etwas weg und versuche, ihn in die 50/50-Stellung zu bringen, d.h. ihn auf die Achse zu stellen.

Bei dieser Bewegung wird das Baord von Deinem linken Fuß nach vorne gedrückt.
Wenn Du diesen Trick auf der Nose machst, läßt sich das Board leichter ausgleichen.

3. Schwing das Board dann wieder zurück, wobei Du den linken Fuß etwas nach oben ziehst.
   Dein Gewicht liegt auf dem rechten Fuß.

4.+5. Drücke die Achse mit der linken Fußspitze nach unten und laß das Board zurück aufs Rail kippen. Nicht nach vorne werfen - einfach kippen lassen!

Dieser Trick ist die Grundlage für die drei folgenden Tricks.

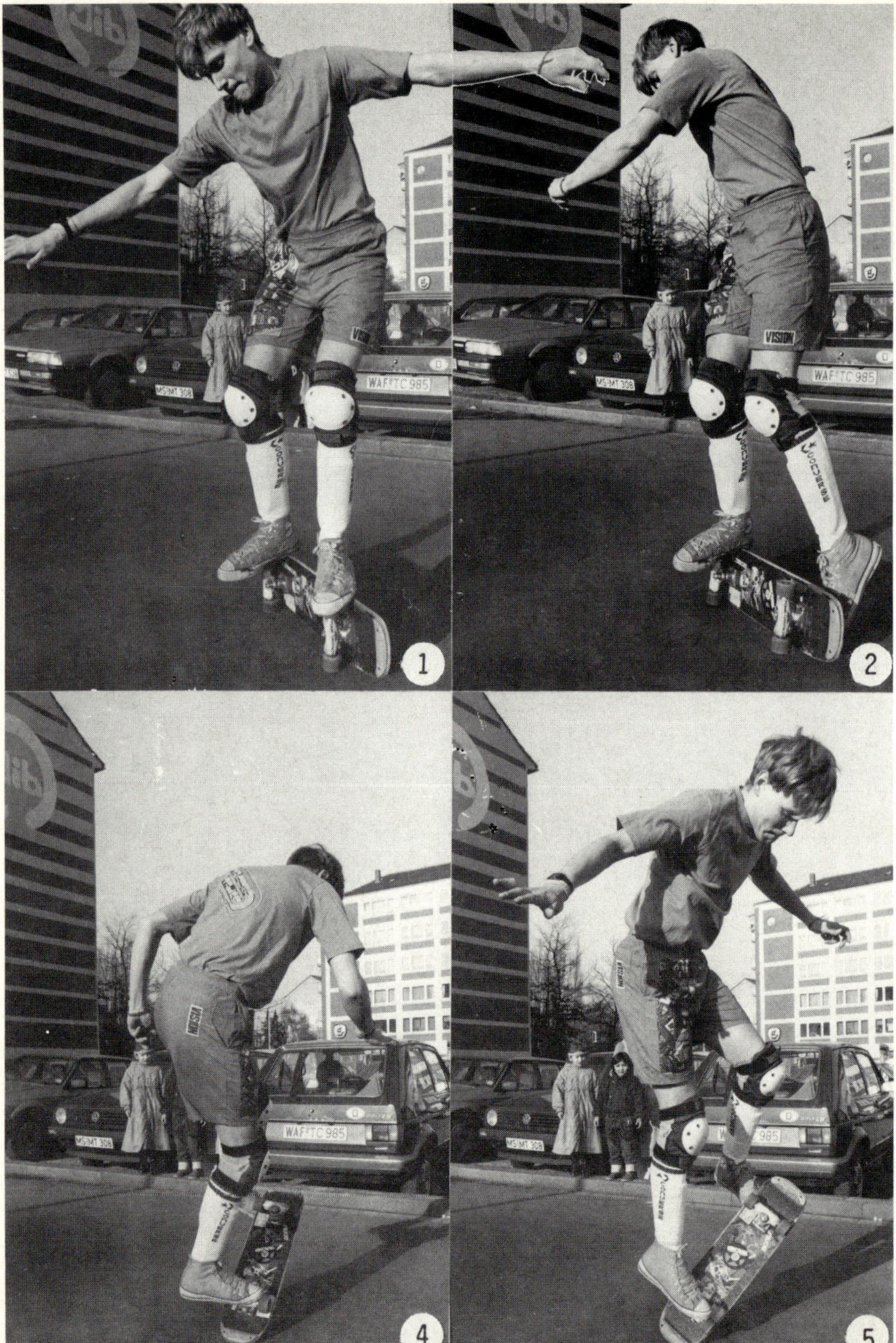
VISION
1
2
4
5

No-Hand 50/50 360°
from the Rail

1. Beginne vom Rail. Hole mit den Armen Schwung.
2. Setze den linken Fuß hinter das Deck; knapp über dem Boden.

3.+4. Der rechte Fuß geht in die 50/50-Stellung, zugleich drückt der linke Fuß das Board nach vorne. Durch Deinen Schwung machst Du eine 360°-Drehung.

5.+6. Du kannst versuchen, im Rail zu landen. Sonst laß das Board einfach nach vorne kippen.

No-Hand 50/50 360° Truck to Truck from the Rail

No-Hand 50/50 360° Truck to Truck from the Rail

No-Hand 50/50 360° Truck to Truck from the Rail

1. Beginne vom Rail. Hole mit den Armen Schwung.
2. Setze den linken Fuß hinter das Deck.

3.+4. Der rechte Fuß geht in die 50/50-Stellung, gleichzeitig drückst Du mit dem linken Fuß das Board nach vorne. Wenn Du in der 50/50-Stellung stehst, drehe Dich ein wenig.

5. Mit dem linken Fuß ziehst Du das Board zu Dir hin, während Du es mit dem rechten Fuß flippst.
   Es ist sehr schwer, es im richtigen Moment zu flippen.
6. Beim Auffangen des Boards mußt Du darauf achten, daß Dein Gewicht hauptsächlich auf dem rechten Fuß lastet. Der linke Fuß sollte flach auf der Deckoberseite liegen.
   Beachte: das alles spielt sich in einer 360°-Drehung ab.

7.+8. Jetztlaß das Board nach vorne kippen.

Sequenz auf den Seiten 114/115

No-Hand 50/50 360° 1 1/2 Flip from the Rail

1. Beginne im Rail.
   Setze den linken Fuß hinter das Deck.
   Hole etwas Schwung.
2. Gehe in den No-Hand 50/50.
3. Drehe Dich ein wenig. Achte darauf, daß das Board auf dem ganzen linken Fuß liegt (nicht nur auf den Zehen).
4. Flippe das Board, indem Du den linken Fuß zu Dir hinziehst und es mit dem rechten nach vorne drehst.

5.+6. Das Board dreht sich eineinhalb Drehungen.

7.+8. Lehne Dich beim Landen etwas nach vorn.

Sequenz auf den Seiten 118/119

1
2
5
6

No-Hand 50/50 360°
1 1/2 Flip
from the Rail

Butterflip

No-Hand Butterflip

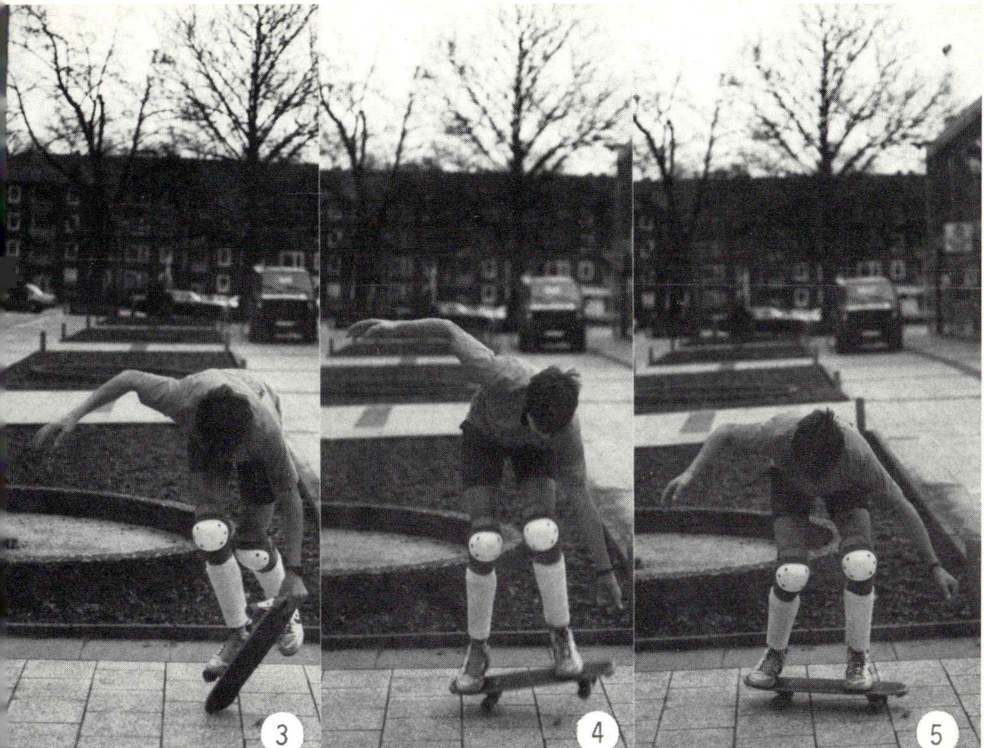
3
4
5

3
4
5

Butterflip

Den Butterflip, eine Art Railflip, kann man in verschiedenen Variationen machen. Ein Trick, der nicht zu schwer ist.

1. Beginne vom Rail. Benutze das Tail zum Flippen.
2. Mit dem rechten Fuß flippst Du das Board nach vorne, so daß sich die Nose nach oben dreht.
3. Fang das Board mit der Hand.
4.+5. Drehe es eine halbe Drehung und lande auf dem Board.

Beachte:
Dadurch, daß Du das Tail zum Flippen benutzt, dreht sich das Board steiler nach oben.

No-Hand Butterflip

1. Beginne vom Rail; benutze das Tail zum Flippen. Verlagere Dein Gewicht nach rechts und flippe das Board nach vorne, ...
2. ... so daß es steil nach oben gedreht wird.
3. Lande im No-Hand 50/50. Achte darauf, daß Dein linker Fuß nach innen gedreht ist.
4.+5. Lande mit einer halben Drehung auf dem Board.

Sequenzen auf den Seiten 120/121

Crossfoot Railflip

1. Beginne im Rail.
2. Setze den linken Fuß hinter den rechten auf die Nose (also in den Crossfoot).
3. Flippe das Board mit dem linken Fuß nach vorne, ...
4. ... so daß es eine halbe Drehung nach vorne macht.

5.+6. Lande im No-Hand 50/50.

7.+8. Vom No-Hand 50/50 aufs Board.

"Lillis" Stefan Ackeson aus Schweden: Railflip into No-Hand 50/50

Sequenz auf den Seiten 124/125

Crossfoot Railflip

3
4
7
8

Rail-1 1/4 Flip to Nohand Casper

1. Beginne vom Rail; der rechte Fuß steht auf der Nose.
   Verlagere Dein Gewicht etwas nach rechts.
   2.+3. Flippe das Board mit dem rechten Fuß nach vorne, so daß es sich eineinviertelmal dreht.
4. Lande im Nohand Casper.
5.+6. Flippe das Board in Fahrposition.

Bevor Du Dich an den Trick auf der nächsten Seite wagst, solltest Du diesen hier sicher können.
Das soll Dir zeigen, wie manche Tricks aufeinander aufbauen.

Rail-1 1/4 Flip to Truck

1. Beginne vom Rail; der rechte Fuß steht auf der Nose.
   Verlagere Dein Gewicht nach rechts.

2.+3. Flippe das Board steil genug, ...

4. ... damit Du auf der Achse landen kannst.
   Beim Landen hältst Du den linken Fuß nach innen, damit Du das Board damit auffangen kannst.

5.+6. Vom No-Hand 50/50 aufs Board.

Dieser Trick ist ein gutes Beispiel dafür, daß Freestylefahren sehr viel mit Gefühl zu tun hat: nimmst Du zu wenig Schwung, kannst Du das Board nicht halten - nimmst Du zuviel Schwung, kippt es Dir vornüber.
Solche Tricks verlangen sehr viel Übung.

Günter Mokulys beim Pressflip to 50/50

50/50 Tricks

*Die leichtesten Tricks in dieser Gruppe

Flip by Ray Rip

Dieser Trick dient als Gleichgewichtsübung - gut für Anfänger.
Es ist am Anfang einfacher, Tricks - wie hier - von der Nose zu üben.

1. Beginne von der Nose.
   Achte darauf, daß der Daumen unter- und die Finger oberhalb greifen.
2. Gehe mit Schwung in den 50/50.
3. Umspringen.
   Vom 50/50 ...
4. ... lande auf dem Rail.

Günter Mokulys: O lá lá

1 **50/50 Special Fingerflip** 2

Du kannst diesen Trick von der Nose oder vom Tail machen.

1.-3. Gehe in den 50/50, wobei das Board von der einen Hand in die andere wechselt.

4. Drehe das Board und wechsle den Fuß auf der Achse.

5. Jetzt flippe das Board

6. ... eine, zwei oder drei Drehungen ...

7. ... und lande in Fahrposition.

1
2
5
6

50/50into Nohand Casper

1.+2. Ziehe das Board mit dem Fuß in den 50/50.

3.+4. Spring hoch und ziehe den rechten Fuß unter das Board, ohne den Boden zu berühren.

5. Vom Nohand Casper ...

6.+7..... aufs Board.

1
2
5
6

Tail, 50/50 Fingerflip to Tail

1.+2. Vom Tail in den 50/50.
Achte darauf, daß der Daumen unter und die Finger auf der Nose liegen.

3. Aus dem 50/50 flippst Du das Board mit etwas Schwung so ähnlich wie bei einem Fingerflip.

4.+5. Hierbei sind eine, zwei und sogar drei Drehungen möglich.

6. Lande mit dem rechten auf dem Tail.

Beachte:

Wenn Du auf dem Tail landest, muß Dein Gewicht auf dem rechten Fuß liegen, da das Board Dir sonst durchbrechen kann.

50/50 360° Fingerflip

3
4
7
8

50/50 360° Fingerflip

Eine Erweiterung des 50/50 Fingerflips:

1.-4. Bevor Du in den 50/50 gehst, holst Du Schwung für die Drehung.

5. Ziehe Dein rechtes Bein zwischen Board und linkem Bein hindurch nach vorne und um das Board herum.
   Greife mit der linken Hand ...
6. ... das Board zwischen Deinen Beinen.
7. Flippe das Board eine, zwei oder drei Drehungen.
8. Landung.

Shane Rouse aus England: 50/50

Sequenz auf den Seiten 140/141

The Whirltrick

1.+2. Stell Dich in die 50/50-Stellung.
3. Ziehe den rechten Fuß (von hinten) vor das Board.
4. Wechsle die Hand hinter den Beinen.
5. Spring mit dem rechten Fuß auf die Achse. Wenn Du es richtig gemacht hast, steht der linke Fuß vor dem Board.
6. Ziehe diesen Fuß jetzt hinter das Board ...
7. ... und spring mit dem linken Fuß wieder auf die Achse.
8. Der Rest ist einfach.

Sequenz auf den Seiten 144/145

The Whirltrick

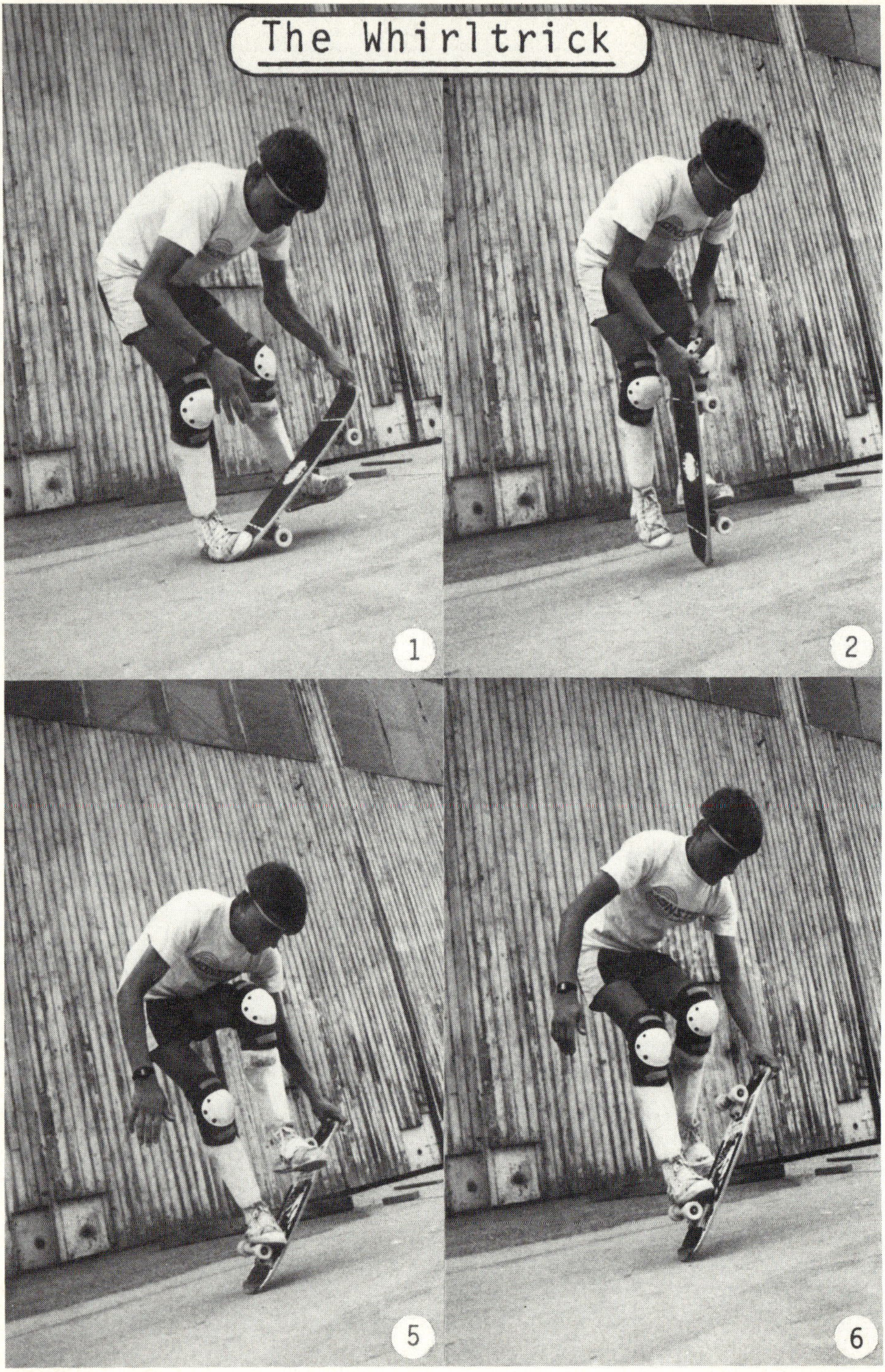

3
4
7
8

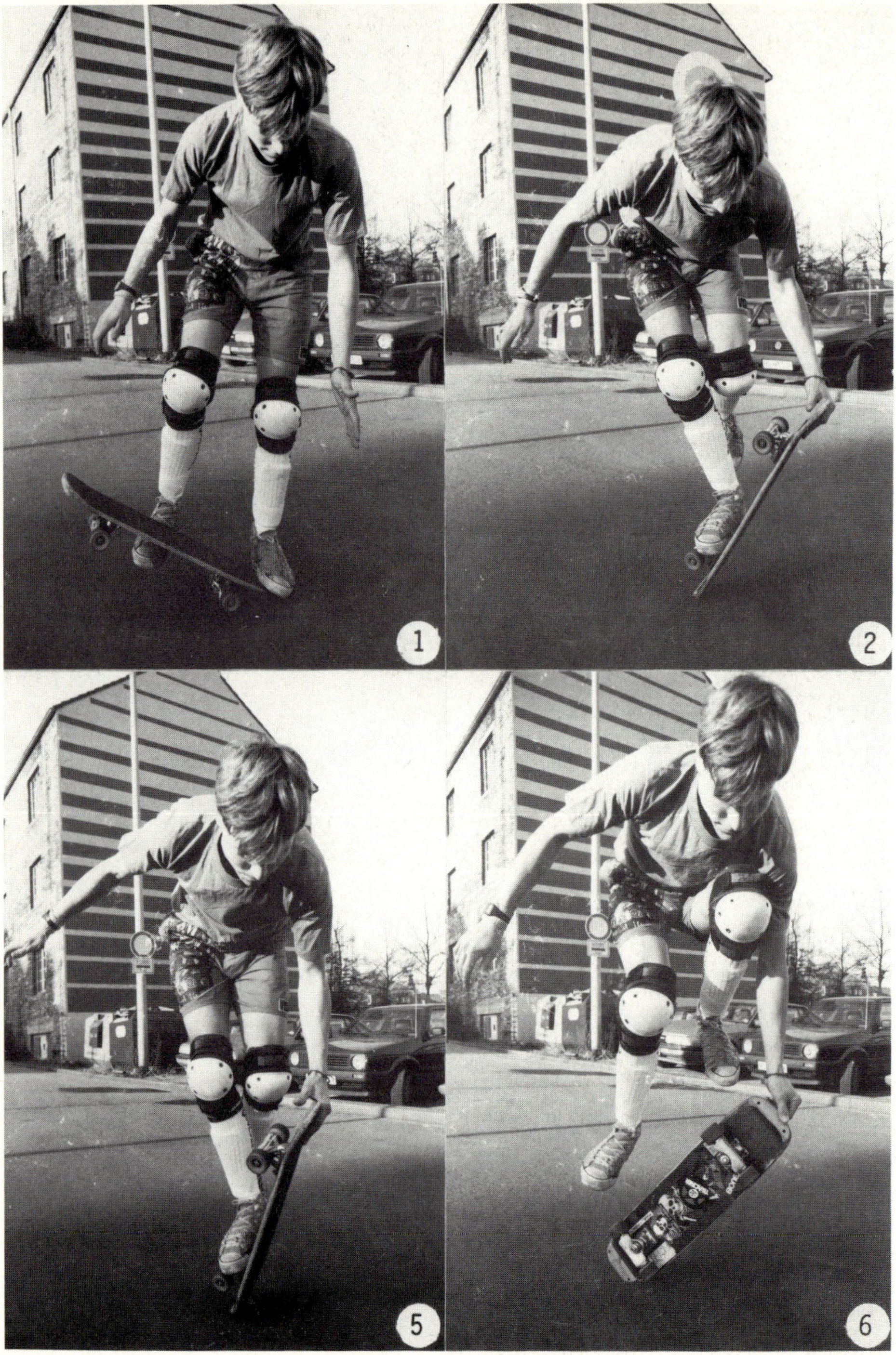
1
2
5
6

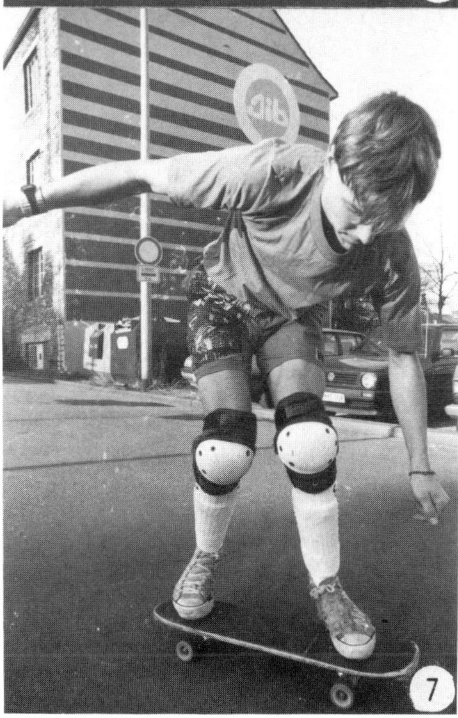

50/50 Fingerflip

1.+2. Von der Nose in den 50/50.

3.+4. Flippe das Board wie bei einem normalen Fingerflip ...

5. ... und lande im 50/50.

6. Dann in Fahrposition.

Rococo
1
2
5
6

Gehe vom Tail in den 50/50. Mit dem linken Bein machst Du eine Kreisbewegung um das Board. Sehr schwierig wird es, wenn das Board nicht festgehalten wird (4.+5.). Du mußt sehr schnell reagieren, damit Dir das Board nicht umkippt.
Diesen Trick kannst Du als Möglichkeit benutzen, in den Pogo zu kommen.

50/50 Fingerflip to No-Hand

3
4
7
8

50/50 Fingerflip to No-Hand

1.-3. Vom Tail in den 50/50.

4.+5. Flippe das Board etwa eine Drehung, ...

6. ... so daß Du im No-Hand landen kannst. Je steiler Du das Board hältst, desto leichter ist es zu führen.

7.+8. Lande auf dem Board.

Für den Anfang ist es leichter, im Nohand Casper zu landen.

Jean Marc Vaissette aus Frankreich: 50/50
Sequenz auf den Seiten 150/151

The Sidewinder

Vor ein paar Jahren galt diese Art von Tricks noch als unmöglich. Mit dem Sidewinder, den Rodney Mullen erfunden hat, entstanden neue 50/50-Variationen, die nicht nur den Zuschauer verblüffen.

1.+2. Vom Tail in den 50/50.

3.+4. Setze zuerst den rechten Fuß unter die obere Achse und greif dann mit der linken Hand die linke Rolle der unteren Achse.

5.+6. Verlagere Dein Gewicht zur oberen Achse und ziehe zugleich das Tail hoch.
Wenn Du alles richtig gemacht hast, landest Du auf der Nose.

7.+8. Eine Möglichkeit, das Board aufs Flippen vorzubereiten.

9.+10. Flippe es und lande auf dem Board.

Sequenz auf den Seiten 154/155

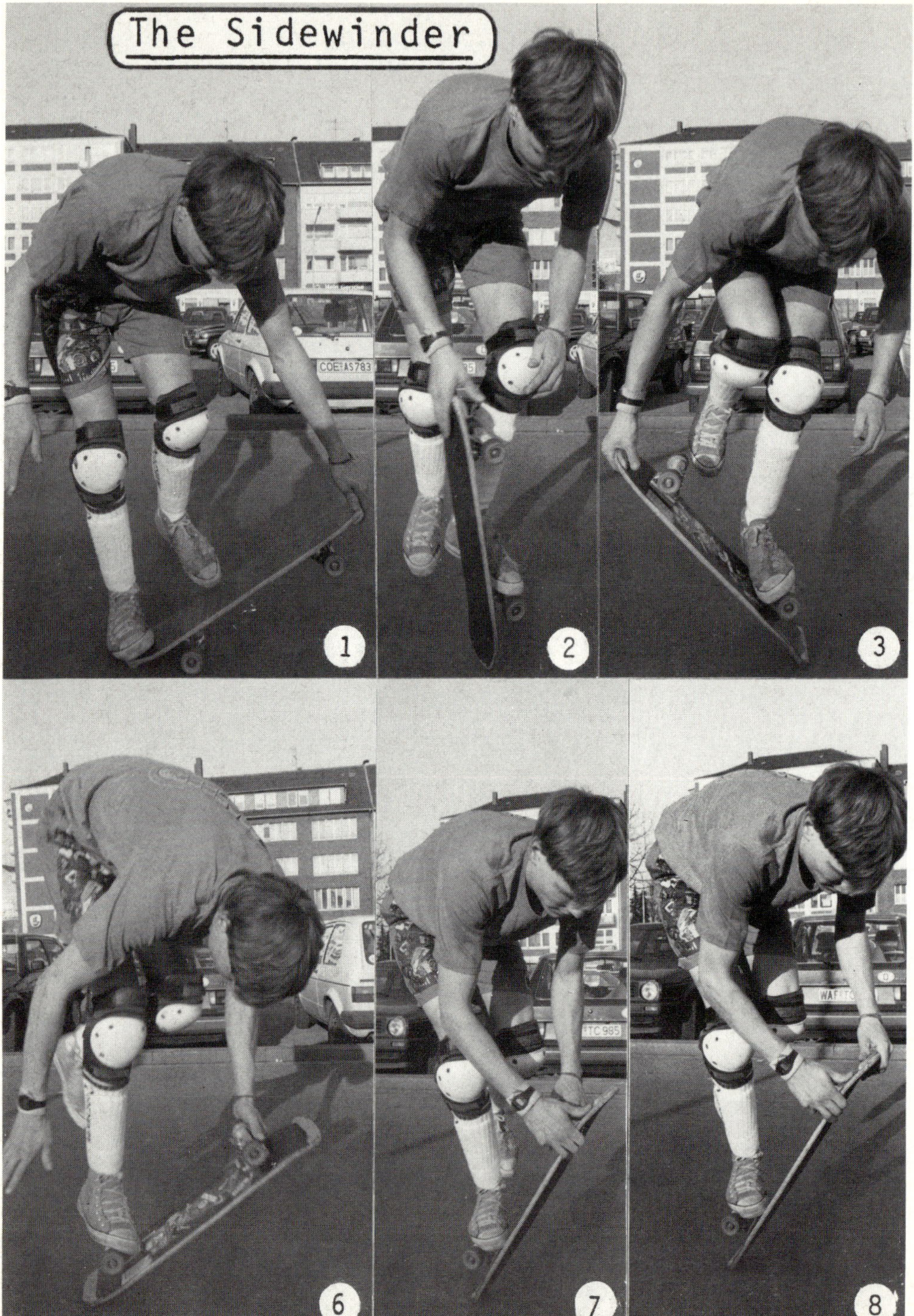
The Sidewinder
1
2
3
6
7
8

4

5

9

10

1
2
5
6

The Sidewinder Transfer

The Sidewinder Transfer

Dies ist im Grunde der gleiche Trick wie der Sidewinder - nur, daß Du hier hochspringst und das Board flippst.

1.+2. Vom Tail in den 50/50.
3. Gehe etwas in die Hocke ...
4. ... und spring mit Schwung hoch, so daß Du das Board flippen kannst.
5. Fang es auf und lande auf der Achse.
6.+.7 Dann aufs Board.

Beachte:
Übe diesen Trick zuerst so, daß Du im 50/50 Casper, also unter der Achse, landen kannst. Achte auf jede Bewegung - besonders auf die der Hände! Du kannst Dir bei diesem Trick nämlich leicht die Finger brechen.

Sequenz auf den Seiten 156/157

Incredible

Incredible heißt auf deutsch: unglaublich.

1.+2. Von der Nose in den 50/50.
3. Fußwechsel.
Gehe etwas in die Hocke ...
4. ... und drücke das Board mit der Hand zur Seite, ...
5. ... so daß es sich um Deinen Fuß dreht.
Du mußt dabei hochspringen, um auf der Achse landen zu können.
6. Fang das Board mit der flachen Hand auf.
Achtung: es kann Dir leicht wegrutschen.
7.+8. Flippe das Board in Fahrposition.

José de Matos aus Frankreich: 50/50
Sequenz auf den Seiten 160/161

Incredible

3
4
7
8

Flip Flap

3
4
7
8

Flip Flap

Ein sehr schwerer Trick:

1. Von der Nose ...
2.+3. ... in den 50/50.
4. Spring um, so daß Du mit dem anderen Fuß im 50/50 stehst.
   Hole Schwung ...
5.+6. ... und flippe das Board um die Länge und quer zugleich, ...
7. ... so daß Du im 50/50 landen kannst.
   Diese Landung ist sehr schwer.
8. Vom 50/50 aufs Board.

Sequenz auf den Seiten 162/163

Günter Mokulys: Sidewinder Transfer

Günter Mokulys beim Pogo

Pogo Tricks

**Die leichtesten Tricks in dieser Gruppe*

1
2
3
4

Pogo to

Voraussetzung für die folgenden Tricks ist, daß Du das Hüpfen im Pogo schon einigermaßen beherrschst.

1. Beginne vom Tail.
   Mit dem linken Fuß holst Du etwas Schwung, und mit der Hand ziehst Du das Board hoch ...
2. ... in den Pogo.
3. ziehe den linken Fuß von der Achse weg, ...
4. ... so daß das Board auf den Rollen landen kann.

Pogo $1/2$ Flip

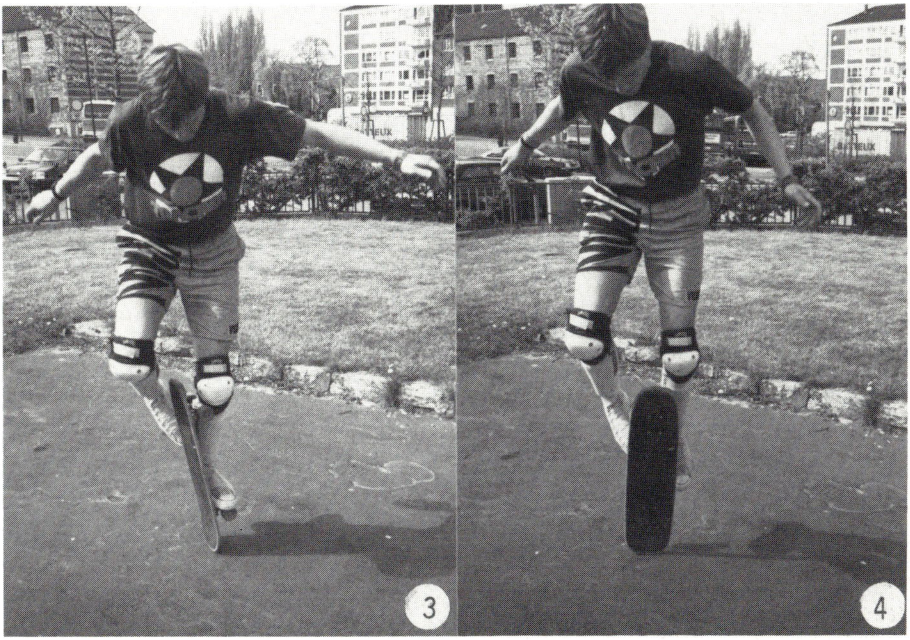

Eine Erweiterung des Pogo Flip:

1. Gehe mit etwas Schwung ...
2. ... in den Pogo.
   Du mußt hierbei auf einem Bein stehen.
3. Nimm die rechte Fußspitze unter die obere Achse.
4. Spring etwas hoch und drehe gleichzeitig das Board mit dem rechten Fuß, ...
5. ... so daß Du in Fahrposition landen kannst.

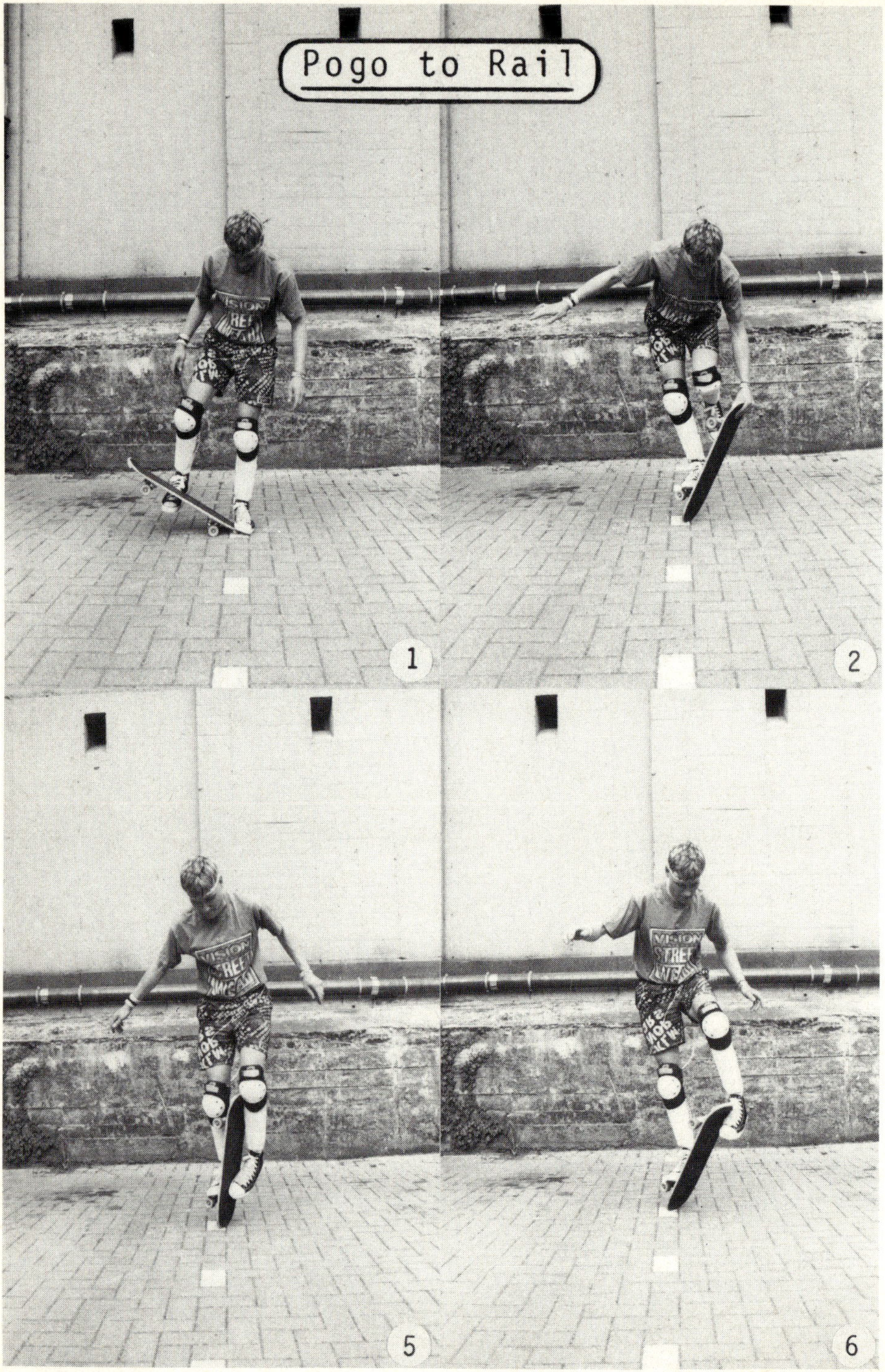
Pogo to Rail
1
2
5
6

3
4
7
8

Pogo to Rail

1. Von der Nose ...
2. ... in den 50/50.
3. Ziehe das linke Bein zwischen Board und rechtem Bein hindurch vor das Board, ...
4. ... um das Board herum, ...
5. ... in den Pogo.
6. Dann in den No-Hand 50/50.

7.+8. Vom No-Hand 50/50 aufs Rail.

"Yoyo" Joachim Schulz aus Deutschland
Sequenz auf den Seiten 172/173

Pogo ½ to Pogo ½-Flip

Dies ist eine schwierige Kombination.
Du mußt hierzu den Pogo auf beiden Seiten können.

1.-3. Vom Tail in den Pogo.

4. Nimm die rechte Fußspitze unter die obere Achse. Damit drehst Du das Board ...

5. ... eine halbe Drehung.
   Jetzt stehst Du im No-Hand 50/50.

6. Wieder in den Pogo.

7.+8. Nimm nun die linke Fußspitze unter die obere Achse.
   Ziehe den rechten Fuß von der unteren Achse und flippe gleichzeitig mit dem linken Fuß das Board in Fahrposition.

9. Landung.

Sequenz auf den Seiten 176/177

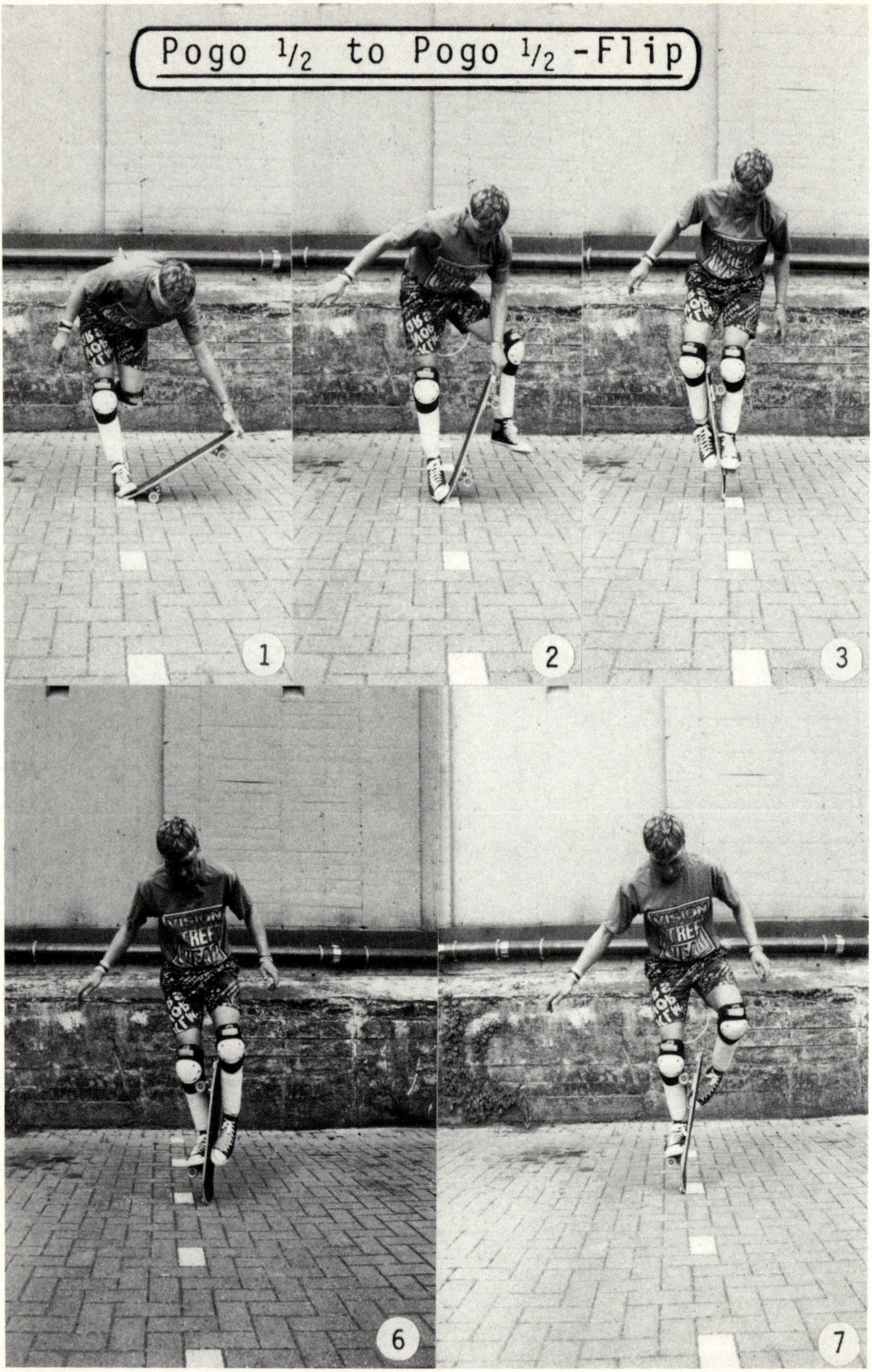
Pogo 1/2 to Pogo 1/2 -Flip
1
2
3
6
7

4
5
8
9

Pogo Flip to Pogo
1
2
5
6

3
4
7
8

Pogo Flip to Pogo

1.+2. Vom Tail in den Pogo.
3. Fasse das Board, spring etwas hoch ...
4.+5. und flippe es wie bei einem Fingerflip.
6. Lande wieder im Pogo.
7. Ziehe den Fuß weg ...
8. ... und lande in Fahrposition.

Frank Messmann aus Dänemark: Pogo

Sequenz auf den Seiten 178/179

Pogo Dance

1. Stell Dich aufs Tail und hole Schwung.
2. Ziehe das Board hoch und drehe Dich dabei.
3. Ziehe das rechte Bein zwischen Board und linkem Bein hindurch nach vorne ...
4. ... um das Board ...

5.-7. ... so daß Du im Pogo stehen kannst. Durch Deinen Schwung kannst Du Dich hüpfend im Kreis drehen.

8. Dein rechter Fuß geht unter die obere Achse.
9. Flippe das Board eine halbe Drehung, ...
10. ... so daß Du auf dem Board landen kannst.

Günter Mokulys: Pogo

Sequenz auf den Seiten 182/183

Pogo Dance

3
4
5
8
9

Nohand Casper Flip to Pogo

3
4
8
9

Nohand Casper Flip to Pogo

Hier ist noch eine Möglichkeit, in den Pogo zu kommen, ohne das Board anzufassen:

1. Vom Rail (der rechte Fuß steht versetzt) ...
2. ... in den Nohand Casper.
3.+4. Aus dem Nohand Casper flippst Du das Board mit dem linken Fuß eine halbe Drehung, so daß es sich aufrichtet.
5. Du mußt Dich schon etwas überwinden, damit Du das Board im richtigen Moment mit den Füßen schnappen kannst.
6. Jetzt gibt es mehrere Möglichkeiten, aus dem Pogo auf dem Board zu landen. Ziehe die rechte Fußspitze unter die obere Achse und drehe das Board um eine halbe Drehung, ...
7. ... so daß Du im No-Hand 50/50 stehst.
8.+9. Vom No-Hand 50/50 aufs Board.

Sequenz auf den Seiten 184/185

Per Welinder - einer der weltbesten Freestyler

Günter Mokulys, Nohand Casper - mal etwas anders

Nohand Casper Tricks

*Die leichtesten Tricks in dieser Gruppe

1
2
3
4

Nohand Casper Flip to Tail

Jetzt kommen einige Tricks, die im Nohand Casper beginnen. Bei diesen Tricks stehst Du immer auf einem Fuß.

1. Beginne vom Rail. Dein rechter Fuß steht auf der Nose.
   Verlagere Dein Gewicht etwas nach rechts.
2. Gehe in den Nohand Casper. Hierbei mußt Du den linken Fuß schnell genug unter das Board bekommen - er darf jedoch nicht den Boden berühren.
3. Spring etwas hoch, ziehe den rechten Fuß nach links und den linken nach rechts, so daß sich das Board dreht.
4. Du kannst in Fahrposition oder - wie hier - auf dem Tail landen.

1

2

5

Nohand Casper 360° Flip

1. Beginne vom Rail.
   Der rechte Fuß steht auf dem Tail.
2. In den Nohand Casper.

3.+4. Flippe das Board, indem Du den linken Fuß schräg nach oben und den rechten Fuß nach hinten ziehst.
Dadurch dreht sich das Board um 360°.

5. Lande in Fahrposition.

1
2
5
6

Nohand 180° Flip to Nohand

1. Beginne vom Rail (ob von der Nose oder vom Tail - das ist egal).
2. In den Nohand Casper.
3. Ziehe das Board mit dem linken Fuß nach oben und mit dem rechten etwas nach hinten.
4. Der Flip ist kompliziert: das Board macht eine Längs- und Querdrehung zugleich.
5. Lande im Nohand Casper.
6. Dann aufs Board.

Fakie, Nohand 360° Flip

3
4
7
8

Fakie, Nohand 360° Flip

1. Fahre am Fakie an.
   Die rechte Ferse steht auf dem Tail; die Fußspitze ist hinter der Rolle. Der linke Fuß steht seitlich versetzt auf dem Board.
   Hole Schwung für eine 360°-Drehung.
2. Im Drehen kippst Du das Board ...
3. ... in den Nohand Casper.
4. Im Nohand Casper drehst Du Dich weiter.

5.+6. Achte auf Dein Gleichgewicht!

7.+8. Flippe das Board in Fahrposition.

Shane Rouse aus England: Nohand Caspar

Sequenz auf den Seiten 196/197

Backwards

1. Fahre im Fakie an.
   Die rechte Ferse steht auf dem Tail; die Fußspitze ist hinter der Rolle. Der linke Fuß steht seitlich versetzt auf dem Board. Hole Schwung.

2.+3. Gehe in den Nohand Casper.
   Nutze Deinen Schwung aus und drehe Dich ein wenig.

4.-6. Jetzt flippe das Board wie bei einem Nohand Casper 360° Flip.

7.+8. Lande auf dem Board.

Per Holknecht aus Schweden, einer der ersten Freestyler Europas

Sequenz auf den Seiten 200/201

Backwards

3
4
7
8

John Krieger aus Kanada: No-Hand 50/50

No-Hand 50/50 Tricks

**Die leichtesten Tricks in dieser Gruppe*

1

2

5

No-Hand 50/50 Flip to Rail

1. Dein rechter Fuß steht auf dem Tail, dein linker ist unter der oberen Achse.
2. Ziehe den linken Fuß am Brett entlang auf die untere Achse, so daß sich das Board aufrichtet.
3. Mit dem rechten Fuß fängst Du das Board auf. Achte darauf, daß der Fuß ein wenig nach innen gedreht ist.
4. Aus dem No-Hand 50/50 kippst Du das Board ...
5. ... aufs Rail.

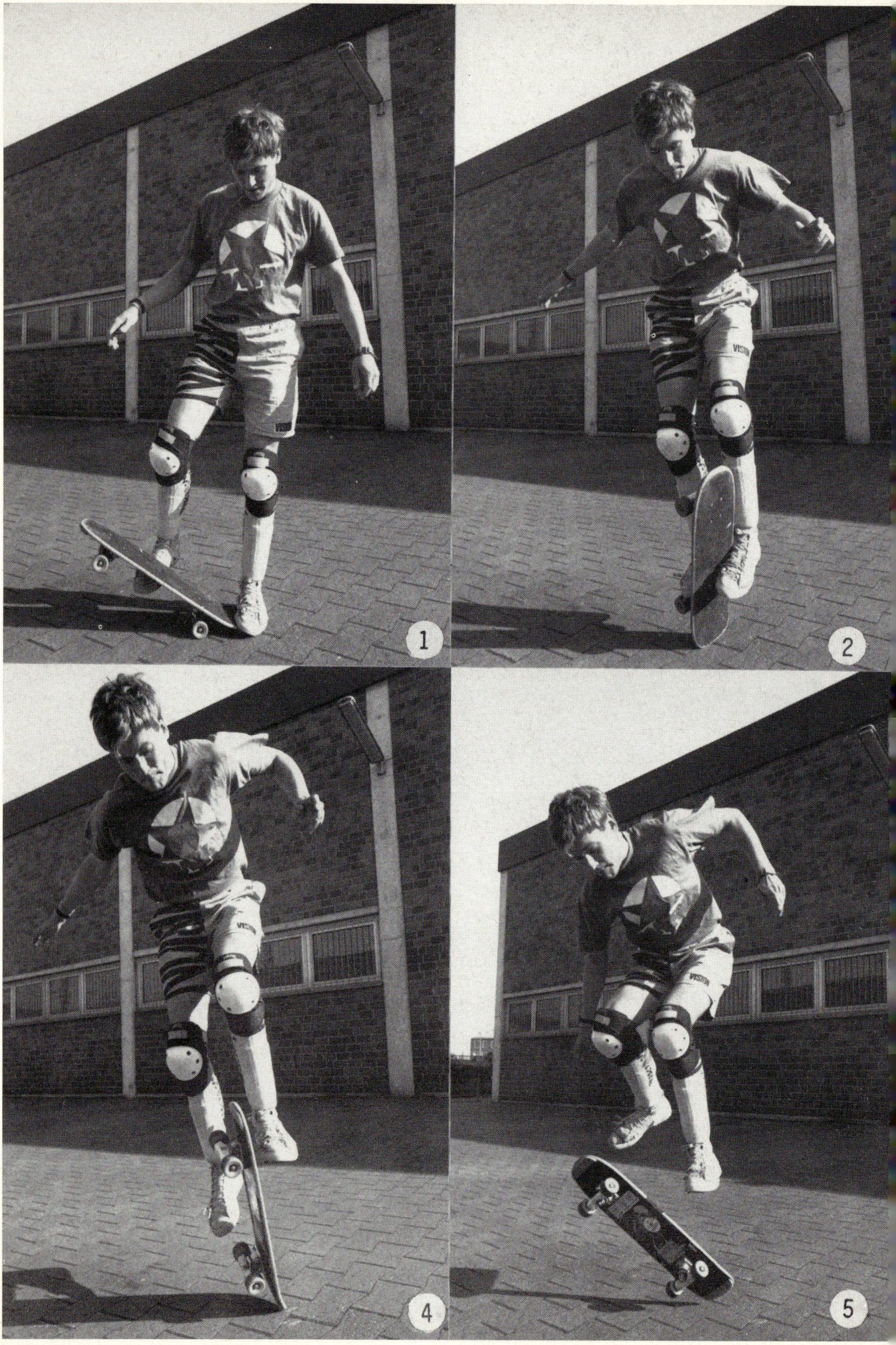
1
2
4
5

No-Hand 50/50
180° Flip to Rail

Dies ist eine Erweiterung des No-Hand 50/50 to Rail.

1. Der linke Fuß ist auf dem Tail und der rechte unter der oberen Achse.
2. Ziehe den rechten Fuß am Brett entlang auf die untere Achse, so daß sich das Board aufrichtet. Mit dem linken Fuß fängst Du das Board auf. Achte darauf, daß der Fuß ein wenig nach innen gedreht ist.

3.-5. Halte das Board etwas steiler als gewöhnlich und flippe es gegen den Uhrzeigersinn um 180°, ...

6. ... so daß Du auf dem Rail landen kannst.

1
2
3
4

Drop Mount

Durch diesen Trick kannst Du lernen, das Board besser zu beherrschen.

1. Halte das Board am Tail fest.
   (Es ist einfacher, wenn Du es an der Nose hältst, aber auf dem Tail sieht der No-Hand 50/50 besser aus.)

2.+3. Wirf das Board, so daß es eine halbe Drehung macht und auf dem Tail landen kann. Dann spring hoch ...

4. ... und lande im No-Hand 50/50.
   Je steiler das Board beim Landen steht, desto leichter kannst Du es halten.

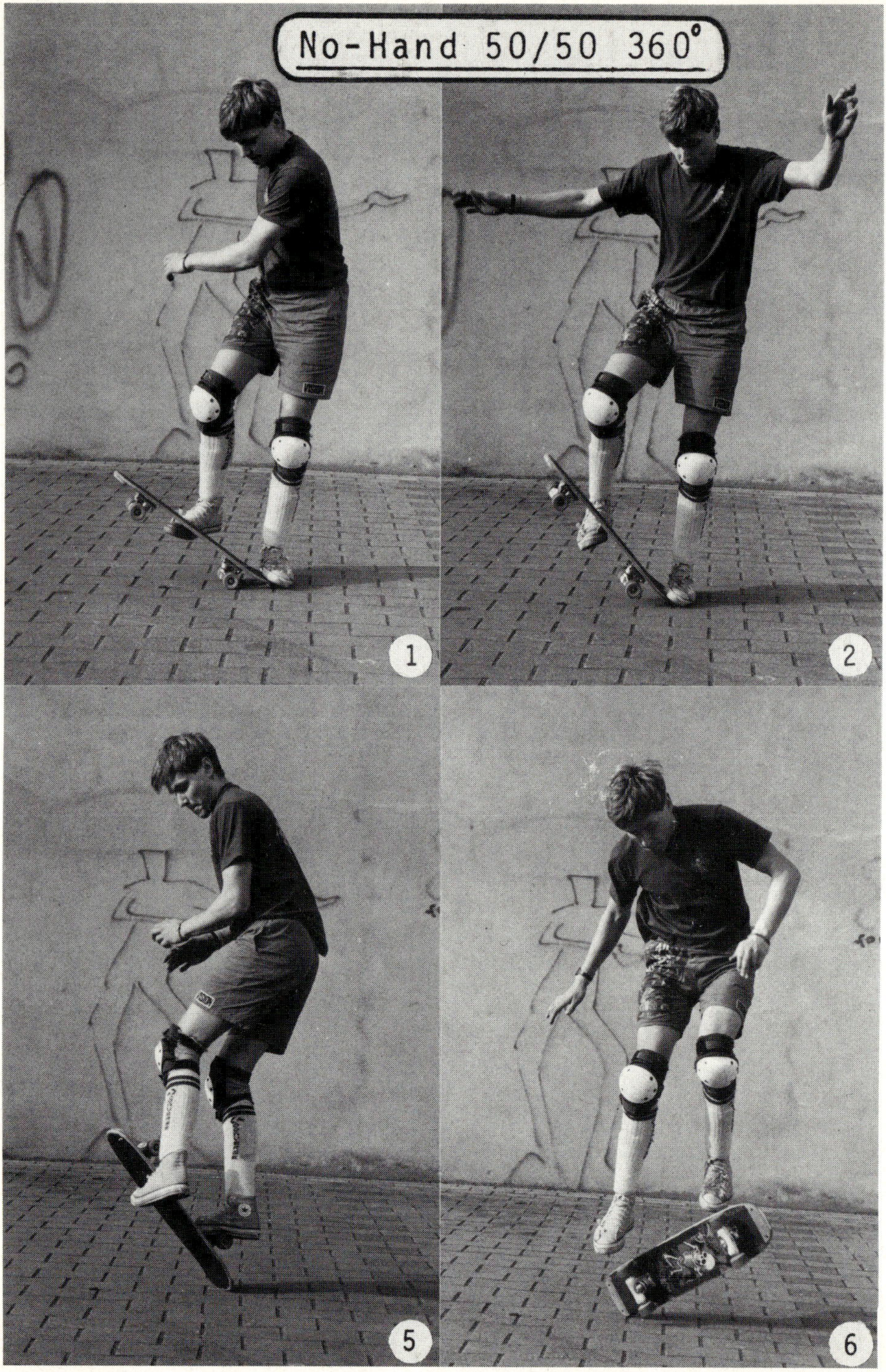
No-Hand 50/50 360°
1
2
5
6

Dies ist ein interessanter Trick, der auch optisch sehr gut wirkt.

1.+2. Hole Schwung und ziehe den rechten Fuß auf die Achse.

3. Mit dem linken Fuß hältst Du das Board fest.

4.+5. Nutze Deinen Schwung jetzt für eine Drehung.

6.+7. Kippe das Board in Fahrposition.

1
2
4
5

No-Hand 50/50
$1\frac{1}{2}$ Flip

1.-3. Gehe von der Nose in den No-Hand 50/50.

4. Flippe das Board: Du mußt den linken Fuß zu Dir hinziehen; mit dem rechten Fuß flippst Du es von Dir weg, ...

5. ... so daß es sich anderthalbmal dreht.

6. Landung.

No-Hand Flip to No-Hand 50/50

3
4
7
8

No-Hand Flip to No-Hand 50/50

Ein recht schwieriger Trick:

1.-3. Von der Nose in den No-Hand 50/50.

4. Flippe das Board recht steil: Den linken Fuß ziehst Du zu Dir hin, während Du mit dem rechten das Board von Dir wegflippst.

5. Das Board macht eine Drehung.

6. Achte beim Landen darauf, daß Dein linker Fuß nach innen gedreht ist. Mit dem rechten Fuß landest Du auf der Achse.

7.+8. Der Rest ist einfach: Vom No-Hand 50/50 aufs Board.

Sequenz auf den Seiten 214/215

Günter Mokulys und Claus Grabke: zweimal 50/50 macht 100/100

No-Hand Truck to Nohand Transfer

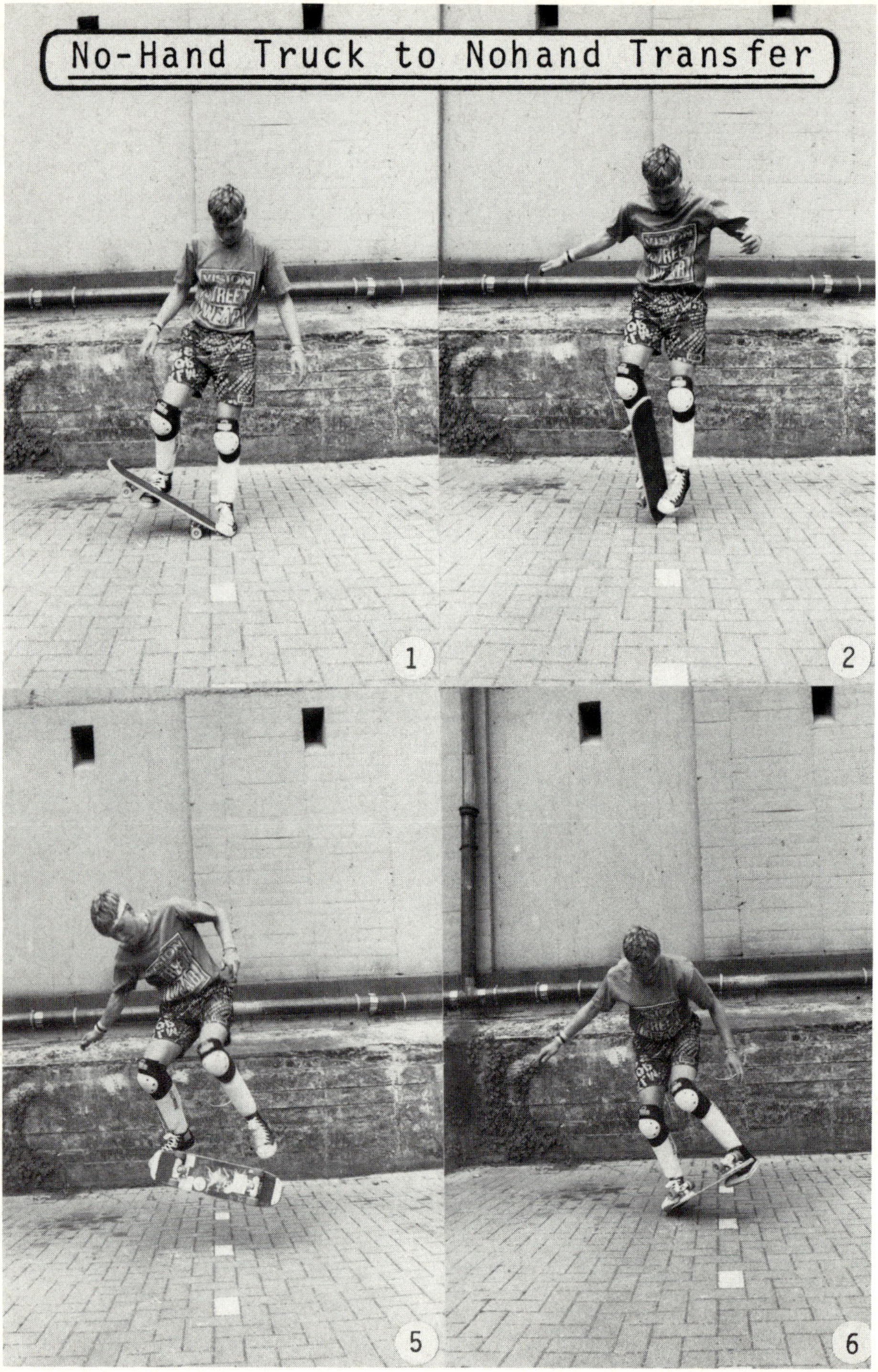

3
4
7
8

No-Hand Truck to Nohand Transfer

Die beiden folgenden Tricks sind sehr schwer zu beschreiben, da das Board kompliziert gedreht werden muß.

1.-3. Von der Nose in den No-Hand 50/50. Ziehe den linken Fuß mit etwas Schwung zu Dir hin und flippe mit dem rechten Fuß das Board von Dir weg - so ähnlich wie beim Nohand 180 Flip to Nohand.

4.+5. Das Board macht dadurch eine Längs- und Querdrehung.

6. Das Landen im Nohand Casper ist nicht leicht.

7.+8. Vom Nohand Casper aufs Board.

Sequenz auf den Seiten 218/219

No-Hand Truck to Truck Transfer

Dies ist eine Erweiterung des No-Hand Truck to Nohand Transfer und sehr schwer in der Ausführung.

1.+2. Du kannst im Pogo (wie hier; mit der Nose am Boden) oder von der Nose anfangen.
3. In den No-Hand 50/50.
   Ziehe mit dem linken Fuß das Board mit Schwung zu Dir hin und flippe es mit dem rechten von Dir weg (alles etwas kräftiger als beim No-Hand Truck to Nohand Casper).
4. Das Board macht eine Längs- und Querdrehung.
5. Deinen rechten Fuß mußt Du etwas hochziehen, um auf der Achse landen zu können. Drehe Deinen linken Fuß etwas nach innen.
6. Vom No-Hand 50/50 ...
7.+8. ... aufs Board.

Sequenz auf den Seiten 222/223

No-Hand Truck to Truck Transfer

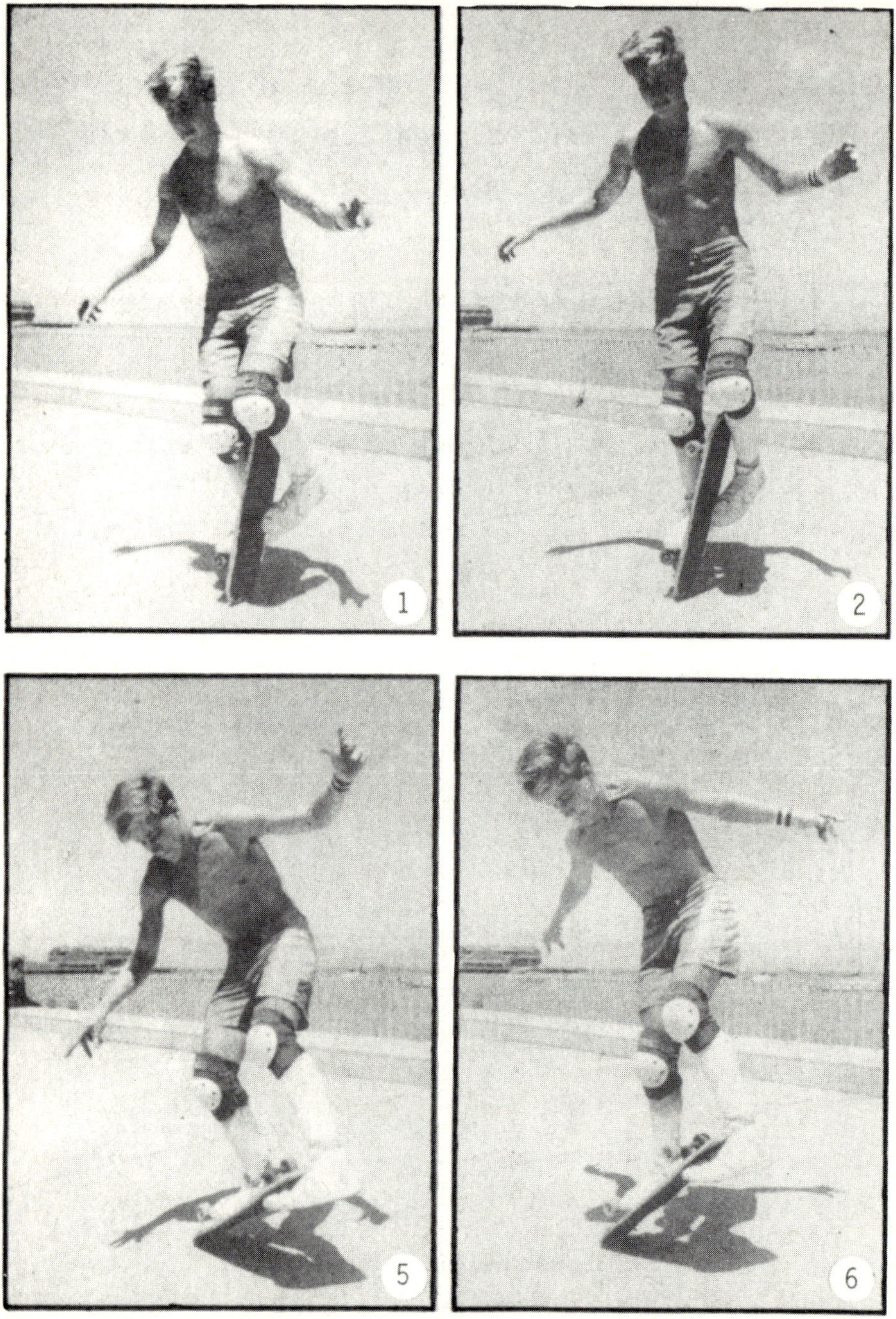

3

4

7

The San Francisco Flip

3
4
7
8

The San Francisco Flip

Warum "San Francisco Flip"?
Es war einmal, vor langer Zeit, in San Francisco ein kleiner Skater. Der dachte sich: Es müßte mal wieder ein neuer Trick erfunden werden.
- Und er erfand einen. Und da er seine Heimatstadt sehr liebte, nannte er ihn "San Francisco Flip". So einfach.

Der Trick ist sehr schwer, da Du während des Bewegungsablaufes in einer eigentlich unmöglichen Haltung stehen mußt.

1.+2. Von der Nose in den No-Hand 50/50.
3.+4. Jetzt kommt der schwere Teil:
Flippe das Board mit dem linken Fuß um den rechten, wobei er sich vor diesen kreuzt.
5. Fang das Board mit dem linken Fuß auf und lande mit dem rechten auf der Achse.
Achtung: das Board kann Dir sehr leicht wegrutschen.
6. Aus dieser Stellung ...
7. ... kippst Du das Board vornüber ...
8. ... in Fahrposition.

Sequenz auf den Seiten 224/225

Karl Johann Richter: No-Hand 50/50

Boris Steffen beherrscht nach nur einjähriger Freestyle-Erfahrung die kompliziertesten Ollie-Variationen

Ollie Tricks

**Die leichtesten Tricks in dieser Gruppe*

Ollie Pop

Du kannst den Ollie Pop (allgemein als "Ollie" bekannt) von der Nose oder vom Tail, aus dem Stand oder aus der Fahrt machen - das ist egal. Auf den Fotos siehst Du ihn von der Nose, aus dem Stand.

1. Du stehst mit dem rechten Fuß auf der Nose und mit dem linken in der Mitte des Boards. Spann Dich an wie eine Feder.
2. Richte Dich mit Schwung auf und halte dabei die Beine zusammen.
3. Poppe das Board mit dem rechten Fuß schnell und fest nach unten.
4. Das Board sollte sich möglichst steil aufrichten.
   Mit dem linken Fuß kannst Du das Board lenken.
5. Ziehe den rechten Fuß nach oben und drücke den linken nach unten, ...
6. ... so daß sich das Board waagerecht dreht.
7. Die Landung ist einfach.
   Beachte, daß das Board nur etwa zehn Zentimeter nach vorne geht, aber bis zu sechzig Zentimeter hochsteigt.

1
2
3
4

Ollie One-eighty

Eine Erweiterung des Ollie Pop:
der Ollie One-eighty ist nicht schwer.

1. Rolle langsam an.
2. Poppe das Board wie bei einem Ollie Pop. Ziehe dabei den rechten Fuß nach links, ...
3. ... so daß sich das Board rechts herum drehen kann.
4. Lande auf dem Board.

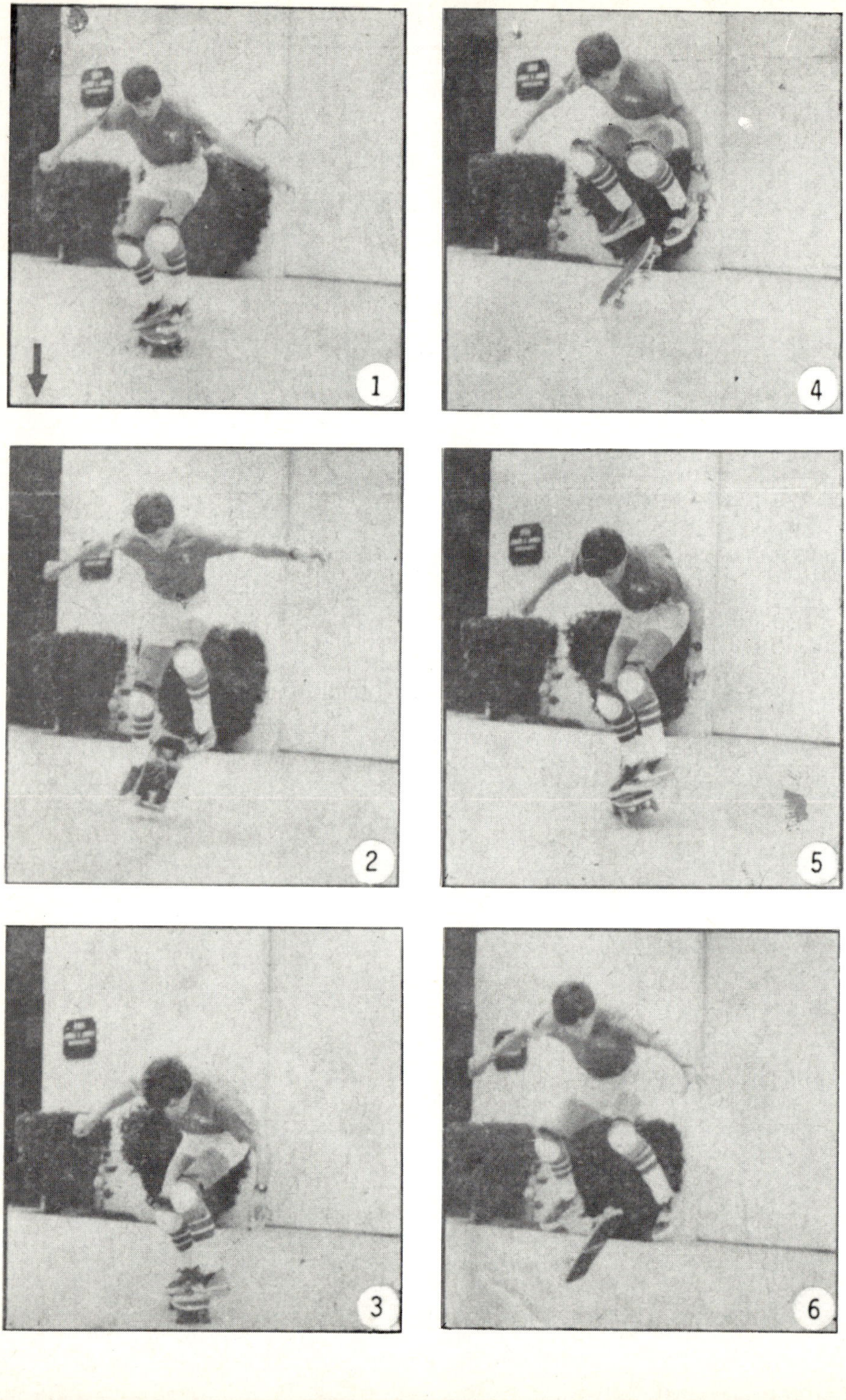
1
2
3
4
5
6

Ollie Kickflip

Das Schwierigste an diesem Trick ist das richtige Timing.
Du mußt hochspringen und dann sofort den vorderen Fuß runterdrücken, um das Board zu flippen.

1. Rolle wie bei einem normalen Ollie langsam vorwärts an.
   Dein vorderer Fuß steht etwas nach links versetzt.
2. Drücke auf das Tail und spring hoch.
   Mit dem vorderen Fuß drückst Du das Board sofort wieder nach unten.
3. Der eigentliche Trick ist jetzt vorbei. Flippe das Board und lande.

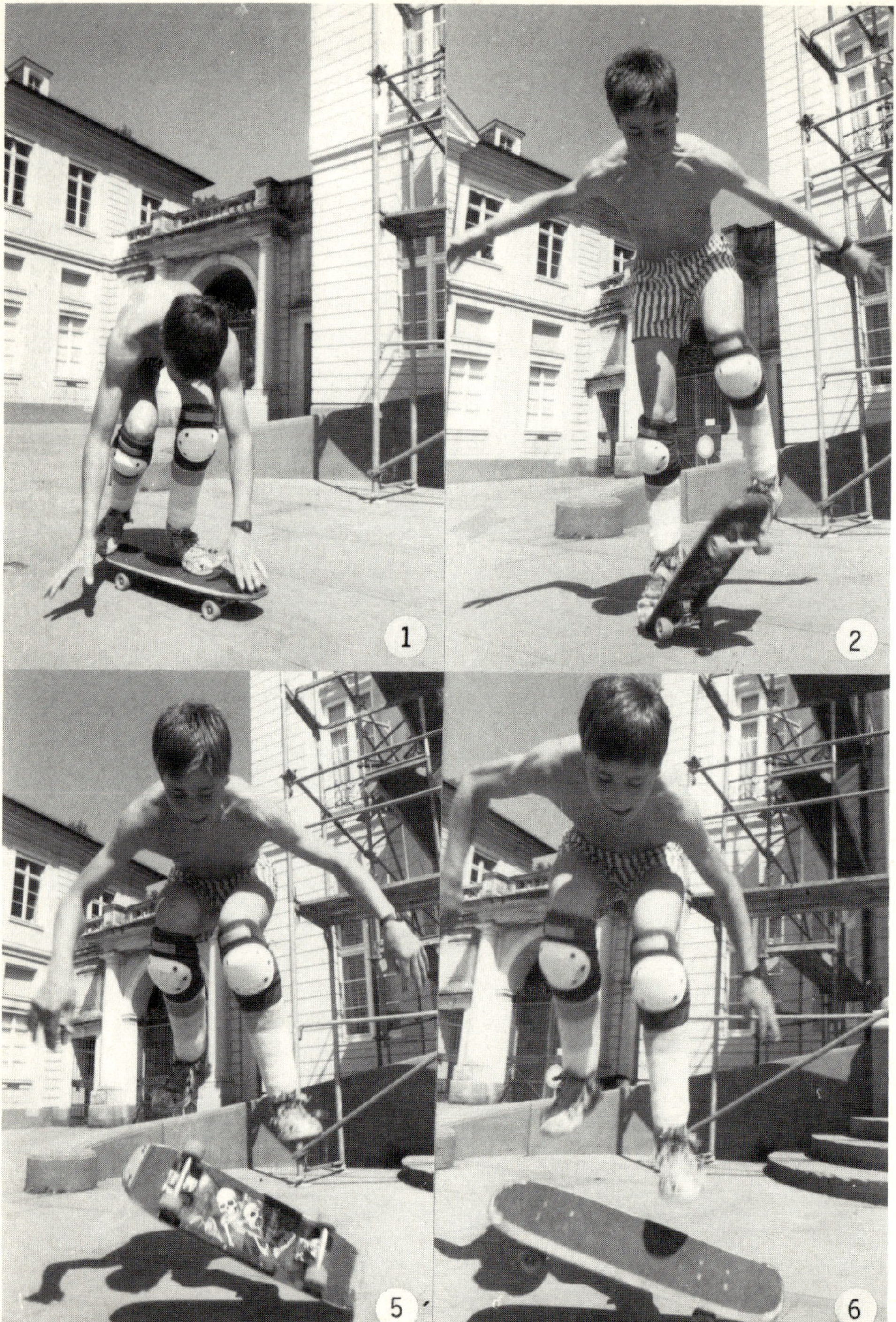
1
2
5
6

3

4

7

Ollie One-eighty Kickflip

Ollie One-Eighty Kickflip

Wie beim Ollie Kickflip ist auch hier das richtige Timing wichtig.
Du mußt hochspringen, wenn Du den Ollie machst, dann den vorderen Fuß runterdrücken und zugleich nach vorne ziehen.

1. Rolle langsam an. Der vordere Fuß ist etwas nach links versetzt.
2.-6. Poppe das Board
Ziehe Deinen vorderen Fuß in einer Bewegung nach unten und nach vorne, so daß sich das Board quer und längs zugleich drehen kann.
7. Landung.

Sequenz auf den Seiten 236/237

Boris Steffen: Ollie über ein Hindernis

1
2
3
4

Ollie Fingerflip

Wie beim Ollie Kickflip ist auch hier das richtige Timing wichtig.
Du mußt höher springen als bei einem gewöhnlichen Ollie. Das Board wird gedreht wie bei einem Fingerflip.

1. Rolle langsam an wie bei einem gewöhnlichen Ollie.
2. Poppe das Board, ...
3. ... spring hoch und lehne Dich nach vorne; zugleich drehst Du das Board mit der Hand.
4. Achte beim Landen auf Dein Gleichgewicht!

Ollie Three-sixty Flip

Schwer an diesem Trick ist, daß Du nicht, wie bei einem normalen Ollie, mit dem hinteren Fuß das Board auf den Boden poppst, sondern mit dem vorderen.
Fang mit ein paar Zentimetern Höhe an. Mit der Zeit wirst Du immer höher kommen.

Ollie Three-sixty Flip

1. Drehe das Board um (Tail nach vorne).
   Rolle langsam an und hole mit den Armen Schwung.
2. Poppe das Board auf den Boden und ziehe es mit dem rechten Fuß hoch.
3. Mache eine Drehung um 360°.

4.+5. Das Landen ist nicht so schwer.

1
2
5
6

Ollie to Pogo

1. Diesen Trick machst Du aus dem Stand.
2. Poppe das Board ...
3. ... so daß es sich aufrichtet. Ziehe den vorderen Fuß vom Board weg.
4. Lande im Pogo; ...
5.-7. ... über No-Hand 50/50 aufs Board.

Ollie Grab
1
2
5
6

Du kannst diesen Trick aus der Fahrt oder im Stand machen.

Mit der Hand auf dem Board kannst Du es besser führen.

1. Mit einem Fuß stehst Du auf dem Tail und mit dem anderen in der Mitte des Boards.
   Spann Dich an wie eine Feder.
2. Richte Dich mit Schwung auf ...
3. ... und poppe das Board auf den Boden, so daß es sich aufrichtet. Dann drücke das Board nach vorne.
4. Im gleichen Moment gehe in die Hocke und greife das Board mit der linken Hand.
   Das ist recht schwierig.

5.+6. Laß das Board kurz vor der Landung los.

1
2
4
5

Ollie Air-walk

Dies ist ein recht schwieriger Trick:

Beginne aus der Fahrt.

2. Poppe das Board so, daß es sich aufrichtet und spring gleichzeitig hoch.
3. Ziehe die Beine auseinander. Du brauchst viel Übung, bis Du es so kannst, wie es auf dem Foto zu sehen ist. Versuche dabei, das Board senkrecht zu halten.
4. Beim Landen mußt Du die Beine schnell genug wieder zusammenbekommen.

5.+6. Landung.

Ollie to Truck, 360°

3

4

7

8

Ollie to Truck, 360°

Dies ist einer der schwierigsten Ollie-Tricks. Du machst ihn aus dem Stand.

1. Stell Dich auf das Board wie bei einem Ollie Kickflip und hole mit den Armen Schwung.
2. Poppe das Board mit dem vorderen Fuß,....
3. ... so daß sich das Board um eine halbe Drehung dreht.
4. Mit dem hinteren Fuß springst Du auf die Achse, während Du das Board mit dem vorderen Fuß festhältst.

5.+6. Dies alles spielt sich in einer Drehung ab.

7.+8. Drehe das Board beim Landen so, daß es in Fahrposition kippt.

Du brauchst für diesen Trick besonders viel Gefühl für das Board.

Sequenz auf den Seiten 250/251

Boris Steffen: Ollie Grab

Günter Mokulys: Ollie Rolling Impossible über ein Hindernis

Impossible Tricks

**Die leichtesten Tricks in dieser Gruppe*

16
1
16
2
16
4
16
5

Impossible

Impossible

Impossible heißt auf deutsch: unmöglich.
Vor ein paar Jahren war dieser Trick das auch noch. Doch inzwischen gibt es schon unzählige Variationen davon.

1. Stell Dich mit dem rechten Fuß aufs Tail. Der linke Fuß ist vor der Nose. Hole etwas Schwung ...
2. ... und flippe das Board, indem Du den rechten Fuß nach links ziehst und gleichzeitig den linken Fuß nach rechts.
3. Dadurch dreht sich das Board um den rechten Fuß.

4.+5. Achte beim Landen auf Dein Gleichgewicht.

Sequenz auf den Seiten 256/257

Günter Mokulys: Finger Impossible

1
2
4
5

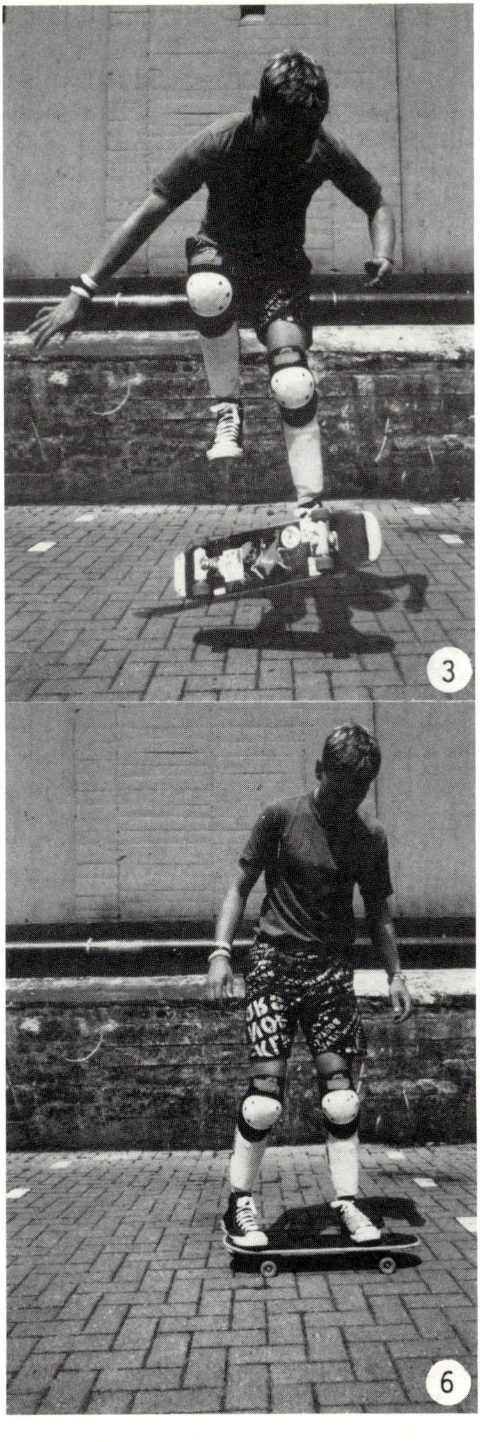

Crossfoot Impossible

1. Der linke Fuß steht auf dem Tail und der rechte im Crossfoot unter der Nose.
2. Mit etwas Schwung ziehst Du den rechten Fuß nach links und springst hoch; ...

3.+4. ... gleichzeitig ziehst Du den linken Fuß nach rechts, so daß sich das Board darum dreht.

5.+6. Das Landen ist schwieriger als beim normalen Impossible.

Rolling Impossible

1 2

Wenn Du den Impossible aus dem Stand kannst, dann kannst Du ihn aus der Fahrt versuchen.

Ein Trick, der in einer Kür ganz gut wirkt:

1. Gehe in die Knie.

2. Richte Dich mit Schwung auf.

3. Ziehe in diesem Moment den vorderen Fuß (hier den linken) vor das Board, dann nach oben. Im gleichen Moment ziehst Du den hinteren Fuß (den rechten) um das Board.

4.+5. Das Landen ist nicht schwer, Du mußt nur das Gleichgewicht halten.

3

4

5

Fakie Impossible 360°

Dies ist ein schwerer Trick. Wenn Du aber statt der 360°-Drehung eine 90°-Drehung machst, ist er recht einfach.

1.+2. Rolle rückwärts an und hole mit den Armen Schwung.

3. Das ist der schwere Teil des Tricks. Du mußt aus dem Schwung den linken Fuß unters Board bekommen.

Fakie Impossible 360°

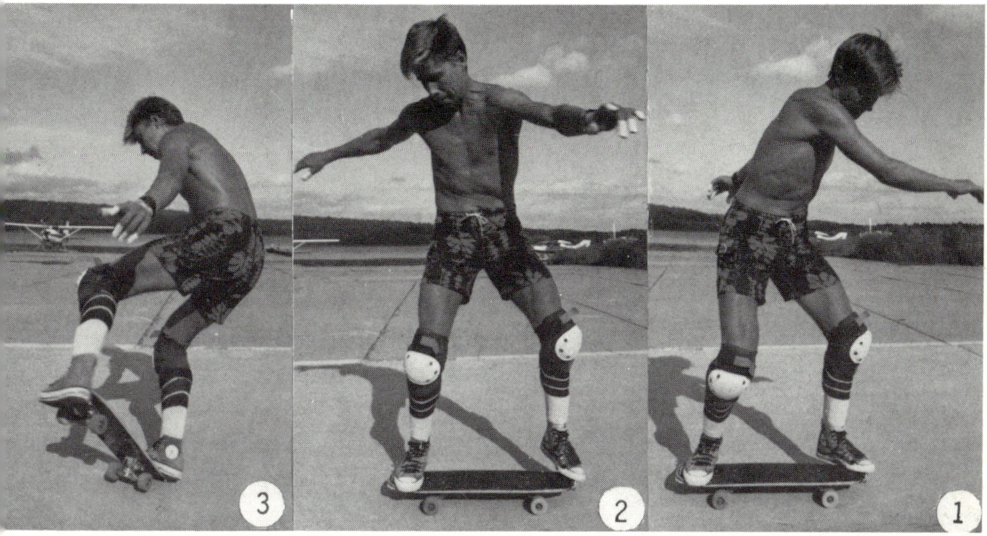

4. Dann ziehe mit dem gleichen Schwung den linken Fuß nach oben und drehe den rechten Fuß um das Board.

5.+6. Du wirst automatisch eine 90°-Drehung machen.
Lande in gebückter Haltung.

Finger Impossible
1
2
5
6

1. Du stehst mit dem rechten Fuß auf dem Tail.
2. Mit dem linken Fuß holst Du Schwung.
3. Mit der linken Hand wirfst Du das Board nach rechts, und mit dem rechten Fuß flippst Du es nach links ...

4.+5. ... um den Fuß herum, ...

6.+7. ... um auf dem Board landen zu können.

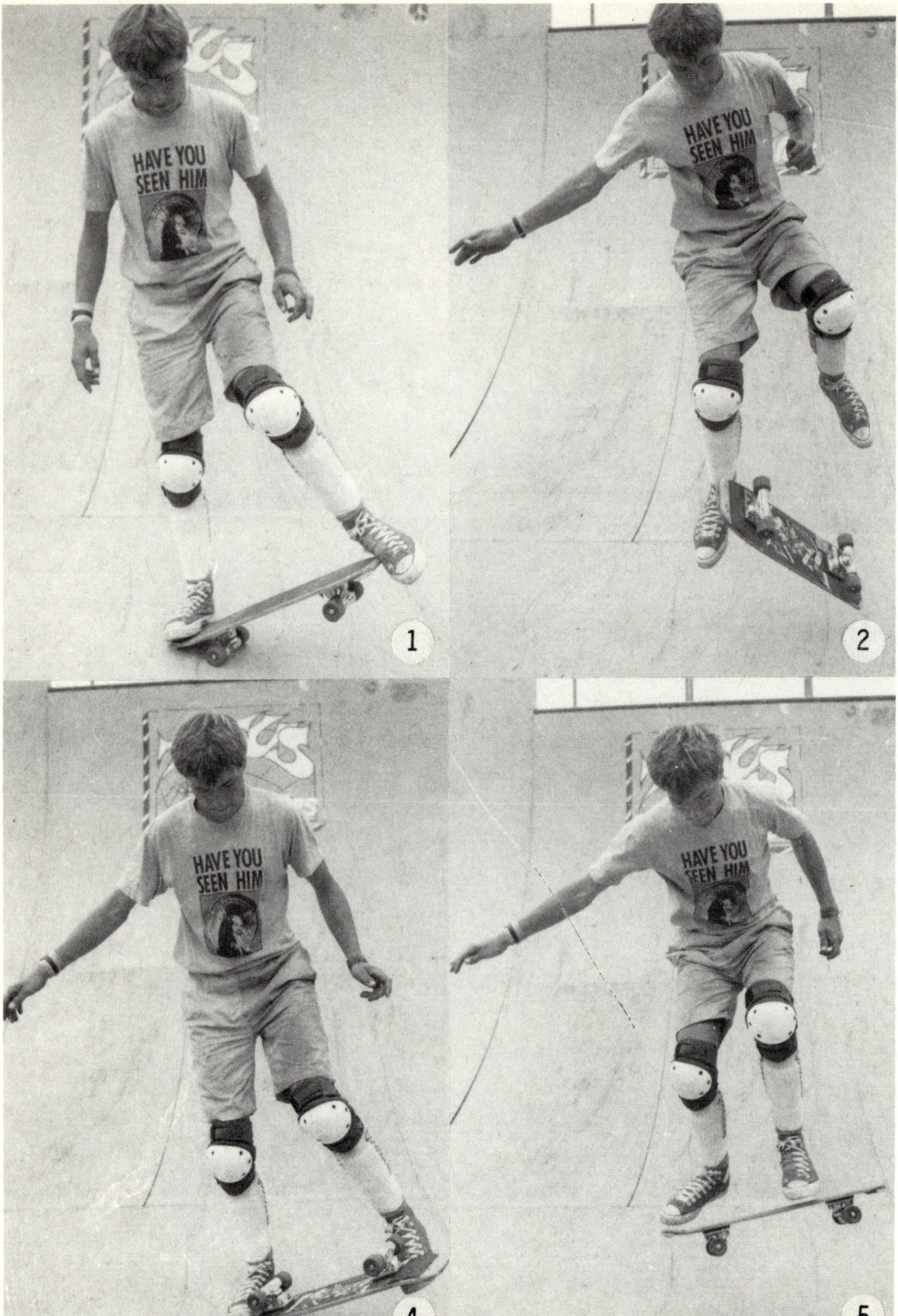
HAVE YOU SEEN HIM
1
HAVE YOU SEEN HIM
2
HAVE YOU SEEN HIM
4
HAVE YOU SEEN HIM
5

Half Impossible to Nohand

Man kann einen Impossible auch halbieren - wie auf den Fotos zu sehen ist.

1. Beginne wie bei einem Impossible. Hole etwas Schwung.

2.+3. Ziehe den linken Fuß ein wenig nach rechts und flippe mit dem rechten Fuß das Board so, daß Du im Nohand Casper landen kannst.

4.-6. Aus dem Nohand Casper flippst Du das Board noch einmal eine halbe Drehung und landest auf dem Tail

Half Impossible to Truck

3
4
7
8

Half Impossible to Truck

Eine Erweiterung des Half Impossible to Nohand Casper:

1. Fang an wie bei einem Impossible.
2. Mit dem linken Fuß ziehst Du das Board nach rechts und mit dem rechten Fuß flippst Du es (kräftiger als beim Half Impossible to Nohand Casper) nach links.

3.-5. Das Board dreht sich ungefähr eine Dreivierteldrehung.
Je steiler es steht, um so leichter kannst Du auf der Achse landen.

6. Achte beim Landen darauf, daß der linke Fuß nach innen gedreht ist.

7.+8. Vom No-Hand 50/50 aufs Board.

Sequenz auf den Seiten 270/271

Rolling Half Impossible to Nohand

1. Fahre an wie bei einem Rolling Impossible. Es ist wichtig, daß das Tail vorne ist.
2. Gehe etwas in die Knie.
3. Indem Du den vorderen Fuß nach vorne ziehst, ...
4. ... flippst Du mit dem hinteren Fuß das Board.
5. Während des Flips bleibt der hintere Fuß in der Luft.
6. Lande im Nohand Casper - es ist allerdings sehr schwer.
   Vom Nohand Casper ...

7.+8. ... flippst Du das Board wieder in Fahrposition.

Sequenz auf den Seiten 274/275

Rolling Half Impossible to Nohand

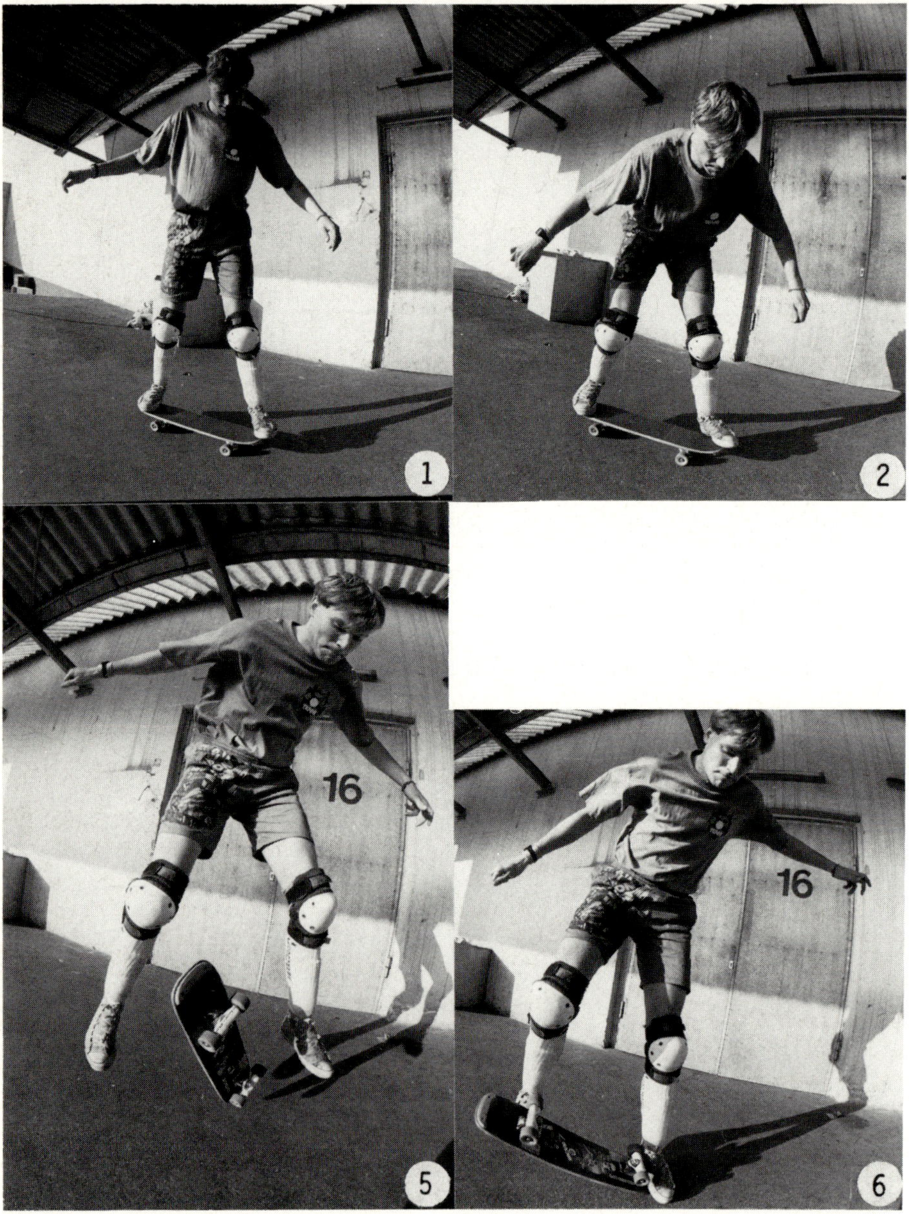

16
3
4
7
8

Impossible to Truck

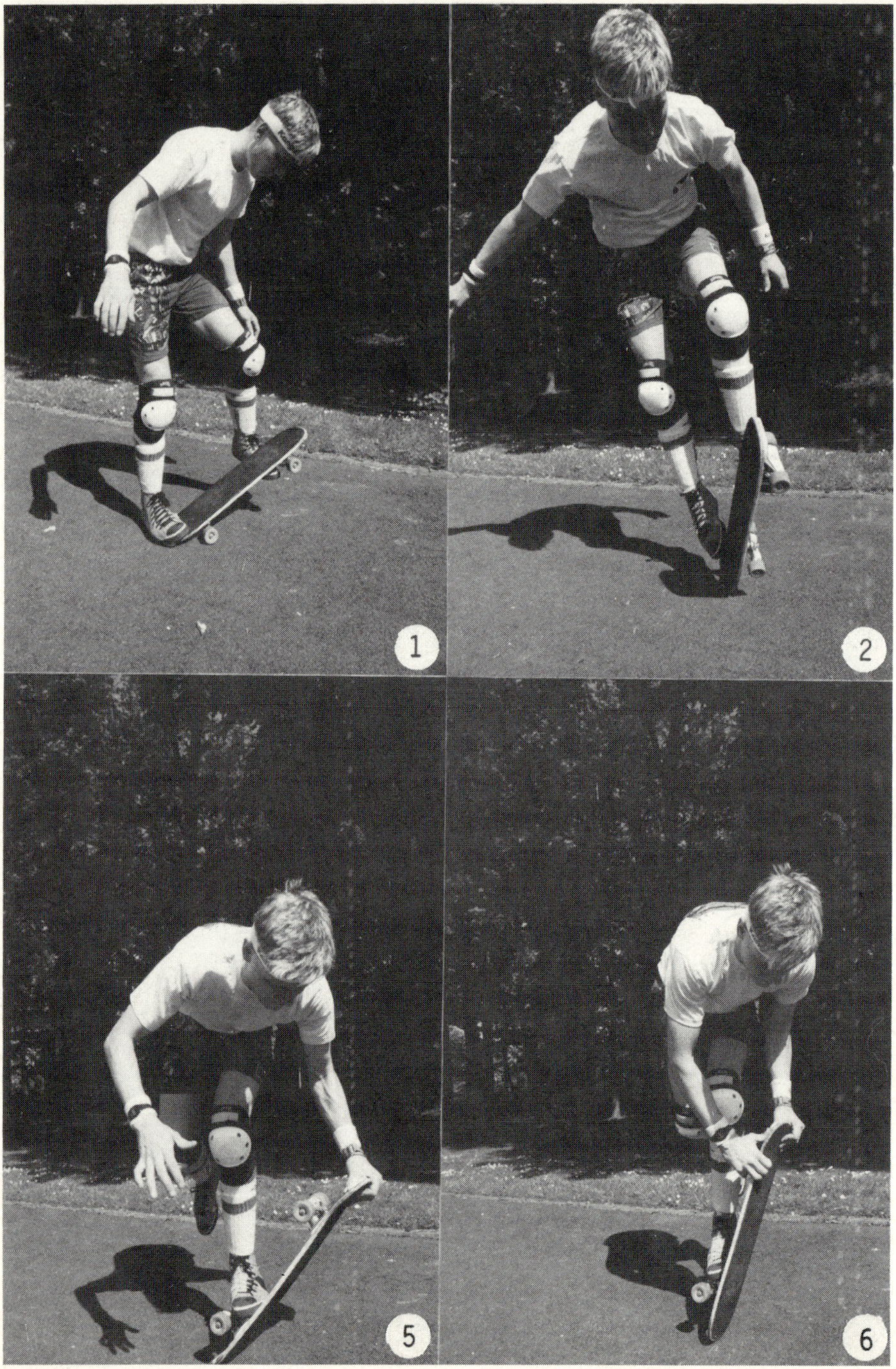

3
4
7
8

Impossible to Truck

1. Der rechte Fuß ist auf dem Tail und der linke unter der oberen Achse.

2.+3. Mit etwas Schwung flippst Du das Board: Ziehe den rechten Fuß nach links; der rechte Fuß macht eine Kreisbewegung (im Uhrzeigersinn).
Das Board dreht sich um Deinen linken Fuß.
4. Lande mit dem linken Fuß auf der Achse ...

5. ... und fang das Board mit der linken Hand auf.

6. Du kannst es jetzt auch mit der rechten Hand anfassen, um besser im 50/50 stehen zu können.

7.+8. Vom 50/50 aufs Board.

Sequenz auf den Seiten 276/277

Crossfoot Impossible to Truck

Dieser Trick zählt zu den Kombinationstricks.

1. Mit dem linken Fuß stehst Du auf dem Tail, den rechten hältst Du von der linken Seite unter die Nose. In dieser Haltung stehst Du im Crossfoot.
   Hole Schwung.

2.-4. Flippe das Board, indem Du den linken Fuß nach links ziehst und den rechten Fuß ein wenig nach rechts.
   Das Board dreht sich eine halbe Drehung.

5. Lande im No-Hand 50/50. Achte darauf, daß der linke Fuß nach innen gedreht ist.

6.-8. Du kannst jetzt Deinen Schwung noch nutzen und Dich ein wenig drehen oder gleich aus dem No-Hand 50/50 auf dem Board landen.

Sequenz auf den Seiten 280/281

Crossfoot Impossible to Truck

3
4
7
8

Crossfoot Pogo Impossible

Dieser Trick hat zu Recht den Namen Impossible. Wie der Name schon sagt: er ist (fast) unmöglich. Das Schwere ist, daß Du aus einem unsicheren Stand heraus Schwung holen mußt, um das Board überhaupt drehen zu können.

1.+2. Fang an im Crossfoot Pogo (Tail am Boden).

3. Jetzt wird es schwer: Setze den hinterkreuzten (rechten) Fuß an das Tail (also unter den linken Fuß) - aber nicht auf den Boden. Dabei gehst Du ein wenig in die Hocke, um Schwung zu holen.

4. Beim Hochspringen hast Du kaum Schwung und mußt gleichzeitig das Board mit dem rechten Fuß unter dem linken her hochziehen, ...

5. ... um einen Impossible zu machen.

6. Es ist schwer, sauber auf dem Board zu landen.

Günter Mokulys: Two Wheels Handstand

Handstand Tricks

**Die leichtesten Tricks in dieser Gruppe*

Handstand-Kickflip
1
2
5
6

3
4
7
8

Handstand-Kickflip

Du mußt zuerst den Handstand am Boden sicher können.
Zeichne mit Kreide die Umrisse Deines Boards auf den Boden und übe dort den Trick, bevor Du ihn auf dem Board versuchst.

1.-4. Gehe in den Handstand.
(Die Beine sollten gestreckt zusammen sein.)
5. Hole mit den Beinen Schwung.
6.+7. Spring ab und flippe mit den Händen das Board.
8. Lande mit flachen Füßen.

Du kannst diesen Trick aus dem Stand und in der Fahrt machen.

Beachte:
Im Unterschied zum Handstand-Fingerflip wird hier das Board zu Dir hin (und nicht von Dir weg) geflippt.

Bei allen Handstand-Tricks solltest Du nach unten auf das Board schauen.

Sequenz auf den Seiten 286/287

One-eighty Handstand Kickflip

1.-3. Gehe in den Handstand. (Halte die Beine gestreckt zusammen.)
Achte darauf, wie die Hände das Board halten: Die Position der rechten Hand ist wie bei einem Handstand Kickflip; die linke Hand hält das Board links am Tail.

4. Hole mit den Beinen Schwung.

5.-7. Jetzt kommt der schwere Teil des Tricks: Während die rechte Hand wie bei einem Handstand Kickflip das Board flippt, drückt die linke Hand das Board nach vorne, so daß sich das Board längs und quer zugleich drehen kann.

8. Lande mit flachen Füßen auf dem Board.

Sequenz auf den Seiten 290/291

One-eighty Handstand Kickflip

3
4
7
8

Handstand-Fingerflip

Fasse das Board mit der vorderen Hand wie bei einem normalem Fingerflip. Mit der hinteren Hand fasst Du es wie bei einem Handstand. Gehe in den Handstand(1). Hole Schwung mit den Armen und Beinen(2) und flippe das Board wie bei einem Fingerflip (3). Lande mit flachen Füßen auf dem Board (4), wobei das Gewicht überwiegend auf den Fersen lasten sollte(5).

Beachte:

Beim Handstand-Fingerflip mußt Du hoch- und nach vorne springen;
beim Handstand-Kickflip wirfst Du das Board unter Deine Füße.

3

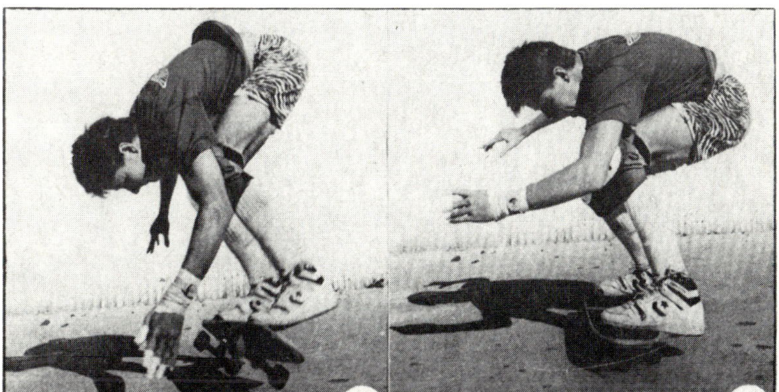
4
5

1
2
3
4

Rail Handstand-Flip

1. Gehe im Rail in den Handstand.

2. Hole Schwung, indem Du die Beine anwinkelst und ruckartig nach oben ziehst.

3. Drehe mit den Händen das Board (eine Dreivierteldrehung).

4. Lande mit den Füßen flach auf dem Board. Achte auf Dein Gleichgewicht.

Reggie Barnes aus Kanada: English Handstand, einer seiner schwierigsten Tricks

English Handstand Kickflip

Wohl einer der schwersten Handstand-Flips, die es überhaupt gibt. Bevor Du nicht den Handstand auf dem Board sicher kannst, versuche den Trick erst gar nicht. Denke daran: Es ist sehr wichtig, daß Du weißt, wie Du Dich abrollen mußt, falls Du fällst. Du findest es mit der Zeit heraus.

Starte mit den Händen etwas hinter der Vorderachse. Halte die Arme gestreckt(1). Während Du Dich mit den Armen auf den Flip vorbereitest, drehst Du Deine Hüften etwas(2). Wenn Du das Board dann Flippst, drehst Du die Hüfte stärker (3) und bereitest Dich auf die Landung vor(4).

One-Armed Handstand-Kickflip

One-Armed Handstand-Kickflip

One-Armed Handstand-Kickflip

1.+2. Gehe in den Handstand.
Beachte: die rechte Hand ist in der Mitte des Boards.

3. Ausbalancieren und in den einarmigen Handstand gehen. Schwung holen...

4. ...Abspringen...

5. ...Landen mit flachen Füßen.

Beachte:

Du kannst den Trick besser lernen, wenn Du ihn auf einer Grasfläche übst, da Dir das Board dann nicht wegrollen kann.

*Rodney Mullen:
Perfekter
One-Armed Handstand*

*Sequenz auf den
Seiten 298/299*

One-Armed Handstand to 50/50 Casper

1.+2. Gehe in den Handstand.
   Sobald Du im Handstand bist, ...

3. ...nimmst Du das Board hoch ...

4. ...und versuchst, den Arm auszustrecken.

5.+6. Gehe in den 50/50 Casper. Der rechte Fuß ist zuerst unten.

7. Vom Nohand-Casper ...

8. ...auf das Board.

Dies ist eine Gleichgewichtsübung- aber auch als Trick einzubauen.
Das Schwierigste hierbei ist, den Arm im Handstand auszustrecken und die Beine gerade zu halten.

Shane Rouse: Pogo Handstand

Sequenz auf den Seiten 302/303

One-Armed Handstand to 50/50 Casper

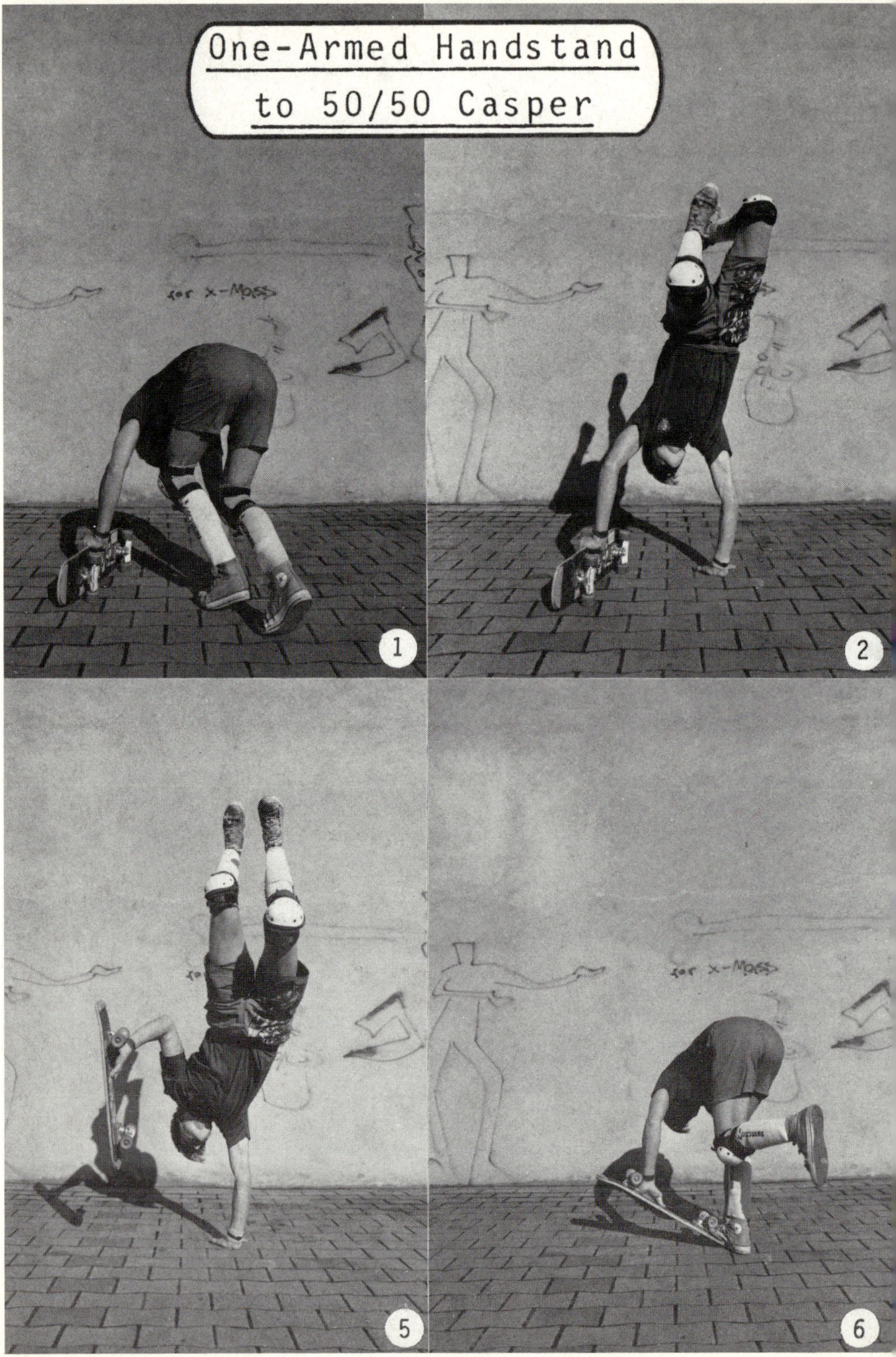

3

4

7

8

Handstand, Varial to Truck

4
5
6
10
11
12
13

Handstand, Varial to Truck

1. Vom Rail beginnen.
2. Die rechte Hand geht an den Boden, das rechte Bein schwingt nach hinten und die linke Hand greift die freigewordene Rolle,..
3. ..dann geht auch das linke Bein nach hinten. Das Ganze geschieht mit einem Schwung.
4. Sobald Du im Handstand stehst, ...

5.-8. ..schwingst Du mit der linken Hand das Board beliebig viele Drehungen (hier sind es zwei).

9. Lande mit dem rechten Fuß auf der unteren Achse.

10.+11. Greife zuerst mit der rechten, dann auch mit der linken Hand das Tail.

11.-13. Flippe das Board und lande.

Sequenz auf den Seiten 304/305

Pogo Handstand-Flip

1. Vom Tail ...
2. ... in den 50/50.
3.-6. Die linke Hand ist an der Nose.
   Gehe mit Schwung in den Handstand; die rechte Hand ergreift im gleichen Moment die untere Achse.
   Sobald Du den höchsten Punkt erreicht hast, nimmst Du mit den Beinen Schwung, ...
7. ... springst ab, drehst das Board eine halbe Drehung nach vorne ...
8. ... und landest auf dem Board.

Beachte:

Zu diesem Trick brauchst Du viel Überwindung.
Wichtig: Beim Abstoßen mußt Du den Kopf nach unten halten!

Per Welinder: eine seiner Spezialitäten

Sequenz auf den Seiten 308/309

Pogo Handstand-Flip

Pogo Handstand-Flip

Handstand Flip to 50/50 Casper

3

4

7

8

Handstand Flip to 50/50 Casper

1. Gehe in den Handstand.
   Die Beine sollten gestreckt zusammen bleiben.
   Achte darauf, wie deine Hände das Board halten: die rechte Hand hätst Du wie bei einem Handstand Kickflip, und bei der linken Hand liegen die Finger auf und der Daumen unter dem Tail.
2. Hole mit Beinen und Armen Schwung.

3.-5. Spring ab und flippe dabei das Board. Die linke Hand hält das Board vom Absprung bis zur Landung fest.

6. Lande mit dem rechten Fuß unter der Achse, im 50/50 Casper.
7. Dann in den Nohand Casper ...
8. ... und flippe das Board in Fahrposition.

Sequenz auf den Seiten 310/311

Pierre Andre Senizergues aus Frankreich:
One-Armed Pogo Handstand

Jojo-Plant

3

4

7

Dieser Trick ist in seinem Bewegungsablauf fast unmöglich. Jojo Schulz war der Erste, der ihn geschafft hat.

1. Fahre im Fakie an (Tail vorne).

2.+3. Gehe mit Schwung auf der linken Hand in den Handstand.
Beachte: die Hand setzt vor dem Board auf.

4.+5. Du kannst diesen Trick auch extrem stallen - wie Jojo es hier macht.

6.+7. Gehe beim Landen seitwärts runter.

Günter Mokulys: Five-forty Shove-It

Shove-It´s Tricks

Die leichtesten Tricks in dieser Gruppe

Three-sixty Shove-Its

Shove-Its sollte man nur aus der Fahrt machen.
Beim Three-sixty Shove-It nimm die Nose nach vorne, beim Five-forty Shove-It das Tail und beim Seven-twenty Shove-Its wieder die Nose.

1. Rolle langsam an.
   Achte darauf, wie die Füße stehen:
   Den linken Fuß stellst Du genau über die vordere Achse und den rechten über die hintere Achse, etwas nach rechts versetzt.
2. Gehe etwas in die Hocke und hole mit den Armen Schwung.
   Spring nach vorne hoch ...
3. ... und drehe dabei das Board etwas mit dem hinteren und etwas mit dem vorderen Fuß ...
4. ... um 360°.
5. Lande mit flachen Füßen auf dem Board.

1
2
5
6

Five-forty Shove-Its

Five-forty Shove-Its

Wenn Du den Three-sixty Shove-It kannst, dann versuche ihn mal mit einer halben Drehung mehr:

1. Rolle mit dem Tail nach vorne an. Du mußt mit den Füßen mehr pushen als beim Three-sixty Shove-It; nimm auch mehr Schwung. Gehe etwas in die Hocke ...
2. ... und spring nach vorne hoch. Drehe dabei das Board mit den Füßen ..

3.-5. ... um 540°.

6.+7. Lande mit flachen Füßen auf dem Board. Achte auf Dein Gleichgewicht!

Frank Messmann gehört zu den besten Freestylern Europas - hier bei seinem Helikopter Flip.

Sequenz auf den Seiten 320/321

Frontside Three-sixty Shove-Its

Dieser Trick sieht relativ leicht aus - aber das täuscht. Du kannst nämlich nicht wie beim Three-sixty Shove-It mit den Armen Schwung holen.

1. Rolle langsam an.
   Stell den vorderen (linken) Fuß vorne auf die Nose und den hinteren (rechten) Fuß vor die hintere Achse.
   Du mußt aus den Beinen heraus Schwung holen.
2. Spring nach vorne hoch und drehe dabei das Board um 360°.
3. Landung.

→

Frontside Five-forty Shove-Its

Ein sehr schwerer Trick, der auch schwer zu erklären ist:

1. Du mußt mit Schwung anrollen.
   Stell die Füße genauso, wie auf dem Foto zu sehen ist: den vorderen auf die Nose und den hinteren vor die hintere Achse.
   Gehe etwas in die Hocke und spring mit Schwung nach vorne hoch. Dabei drehe das Board mit den Füßen.
2. Das Board hat sich hier schon um 360° gedreht.Du siehst,wie hoch Du springen mußt.
3. Das Landen ist sehr schwer. Achte auf Dein Gleichgewicht!

→

1
2

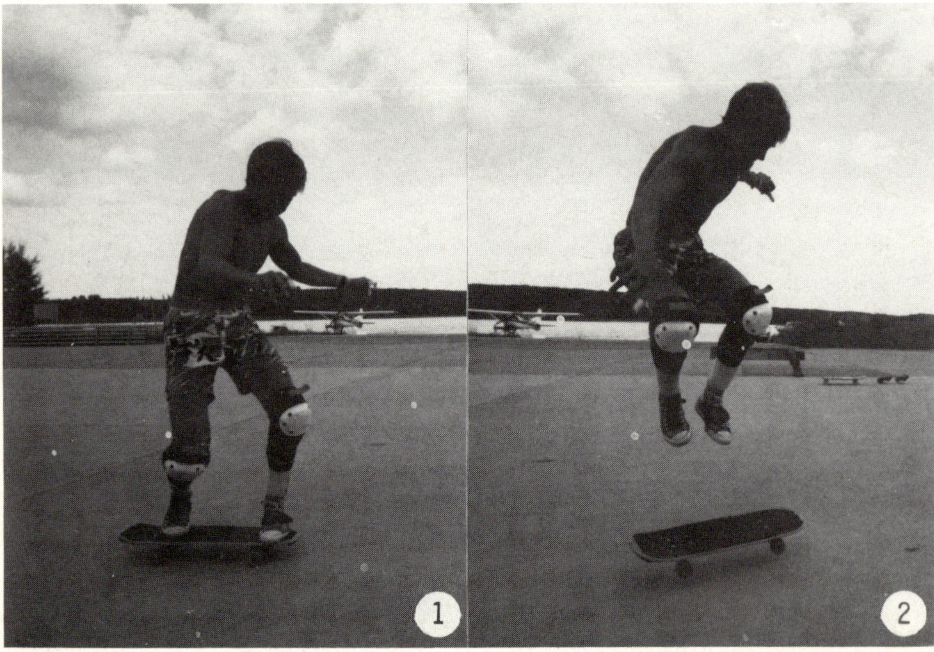
1
2

Frontside

Three-sixty

Shove-Its

Frontside

Five-forty

Shove-Its

Five-forty - Three-sixty Shove-It

Ein Trick, bei dem sich das Board um 540°
dreht, und Du Dich selbst gleichzeitig um 360°
in die gleiche Richtung drehst.

1. Rolle langsam an.
   Hole mit den Armen Schwung.
2. Achte darauf, wie Deine Füße auf dem Board stehen: der vordere Fuß steht auf dem Tail und der hintere über der hinteren Achse.
3. Drehe das Board genau wie bei einem Five-forty Shove-It.
   Nutze gleichzeitig Deinen Schwung für eine 360°-Drehung im Sprung.
4. Lande auf dem Board oder, wie hier, auf zwei Rollen - was aber sehr schwer ist.

5.+6. Du kannst auch noch Pirouetten anhängen.

Günter Mokulys: Crossfoot Pogo beim Sonnenuntergang

Crossfoot (Pogo) Tricks

**Die leichtesten Tricks in dieser Gruppe*

Crossfoot Pogo - Pressflip

1 2

3 4 5

Crossfoot Pogo

Das Schwere an diesem Trick ist, aus der Fahrposition in den Crossfoot Pogo zu kommen. Dazu gibt es viele Möglichkeiten. Unten auf den Bildern siehst Du eine davon.

Crossfoot Pogo - Pressflip

1. Hüpfe ein paarmal im Crossfoot Pogo. Durch das Hüpfen hältst Du das Gleichgewicht. Die Nose ist am Boden - es geht nicht andersherum (Tail am Boden).
2. Ziehe das angewinkelte Bein weg und lasse das Board fallen.
3. Wenn das Board hochpoppt, lande im Nohand-Casper.

4.+5. Flippe das Board in Fahrposition.

1.Board mit Fuß hochziehen 5.Crossfoot Pogo
2.Hüpfen (50/50) 4.Beine kreuzen
3.Fuß wechseln

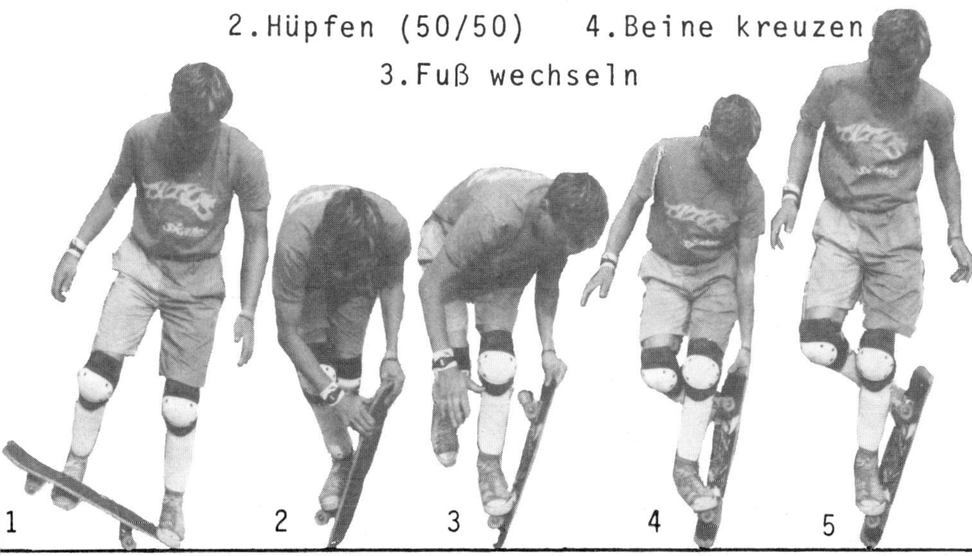

Crossfoot Pogo Flip

1. Achte darauf, wie die Hand das Board hält. Vom Tail mit etwas Schwung.
2. Den rechten Fuß setzt Du auf die Achse ...
3. ... und den linken hinterkreuzt Du zum Crossfoot Pogo.

4.+5. Aus dem Crossfoot Pogo herauszukommen ist nicht so einfach. Du mußt das Board ein wenig schräg halten und es mit dem hinterkreuzten (linken) Fuß umkippen.
Achte darauf, den rechten Fuß schnell genug wegzuziehen, ..

6. ... um auf dem Board landen zu können.

Detlef Rehbock, Show-Freestyler

1
2
3
4

Into Crossfoot Pogo

Es ist ein sehr schwerer Trick, bei dem Du das Board gut unter Kontrolle haben mußt.

1. Der rechte Fuß steht auf dem Tail; die linke Fußspitze ist an der Seite des Boards, unter der oberen Achse. Drehe das Board mit dem linken Fuß so zu Dir hin, ...
2. ... daß es sich aufrichtet. Es ist sehr schwer, den linken Fuß auf die untere Achse zu bekommen - aber noch schwieriger ist es, den rechten Fuß zu hinterkreuzen.
3. Da Dir das Board sehr leicht umkippen kann, mußt Du schnell genug den rechten Fuß in die Crossfoot-Position bekommen.
4. Crossfoot Pogo.

1
2
5
6

Rolling Crossfoot Nohand Casper

1. Rolle langsam an.
   Der rechte Fuß steht (nach außen gedreht) mit der Ferse auf der Nose; der linke Fuß steht in der Mitte, etwas nach links versetzt. Hole etwas Schwung.
2. Kippe das Board mit dem linken Fuß um, ...
3. ... so daß Du im Crossfoot stehen kannst.
4. Drehe Dich ein wenig.
5. Jetzt kommt der schwere Teil des Tricks: Den rechten Fuß nimmst Du von der Nose; im gleichen Moment drehst Du mit dem linken Fuß das Board um ...

6.+7. ... so daß Du auf dem Board landen kannst.

Rolling to Nohand-Crossfoot into Nohand-Casper

Rolling to Nohand-Crossfoot into Nohand-Casper

Ein sehr schwerer Trick: Rolle mit dem Tail nach vorne langsam an(1,2). Gehe in die Crossfoot-Position(3,5). Springe mit dem rechten Fuß vom Tail auf die Nose, ohne mit dem linken Fuß den Boden zu berühren(6,7). Springe auf das Board, wenn Du im Nohand Casper stehst.

Show-Freestyler Detlef Rebock zeigt Dir, was Du

mit Deinem Board noch so alles anstellen kannst.

-SKATEBOARD
-SNOWBOARD
-CAL. BEACHWEAR
1
2
5
6

1. Runter.
2. Weiter runter.
3.-5. Und hopp!
6. Zehn Punkte.

by Titus himself

Begriffserklärungen

vorderer Fuß	: der Fuß, der in Fahrtrichtung vorne steht
hinterer Fuß	: der Fuß, der in Fahrtrichtung hinten steht
Regular Foot	: der linke Fuß steht in Fahrtrichtung vorne
Goofy Foot	: der rechte Fuß steht in Fahrtrichtung vorne
flippen / Flip	: das Drehen (bzw. die Drehbewegung) des Boards
poppen	: das Tail oder die Nose wird ruckartig auf den Boden gedrückt, so daß sich das Board aufrichtet
Längs- und Querdrehung	: gleichzeitige Drehung um die Längsachse und die Vertikalachse (und nicht um die Querachse, wie man eigentlich annehmen würde)

Begriffserklärungen

1. Drehung um die Längsachse
   läuft nur in halben bzw. ganzen Schritten ab. Sie ist die häufigste Drehung und wird daher hier nicht näher bezeichnet.

2. Drehung um die Vertikalachse
   wird als Grad-Drehung bezeichnet.

3. Drehung um die Querachse
   ist weitaus seltener - sie kommt zum Beispiel beim Impossible vor.

Längsachse

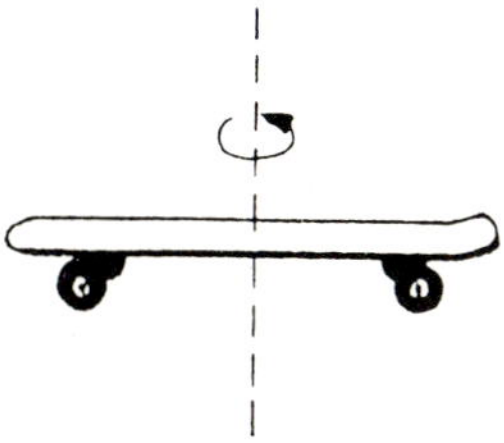

Vertikalachse

Querachse

An der Entstehung des Buches waren beteiligt:

Text: Meike Jung
Jörg Ludewig
Günter Jaritz
Christian Seewaldt

Dank an: Henning Fleck

Besonderen Dank an Titus,
der es mir ermöglichte,
dieses Buch zu veröffentlichen.

Fotografen: Florian Böhm

Thomas Kalak

Martin Rickfelder

Ruedi Matter

Claus Grabke

Thomas Dieckmann

Andreas Gärtner

Uli Niewöhner

Günter Jaritz

u.a.

Skater:

Günter Mokulys

Rodney Mullen

Boris Steffen

Kolja Steinrötter

Christian Seewaldt

Joachim Schulz

Per Welinder

Claus Grabke

Detlev Rehbock

Hermann Finkmann

Titus Dittmann

Wer mit mir Freestyle trainieren

oder weitere Informationen haben

möchte, schreibe bitte an:

Günter Mokulys - Wolbecker Str. 22
4400 Münster